FRANKFURT
to go

D1724002

archimap publishers

Schritt für Schritt

Frankfurt ist ein Dorf, sagen die Frankfurter. Fix ist man vom Hauptbahnhof zum Bethmannpark gelaufen und hat unterwegs ein paar Bekannte getroffen, zum Beispiel auf der Konstablerwache, dem Dorfplatz, zumindest an Markttagen.

Frankfurt besteht aus Dörfern, bemerkt der Besucher, wenn er an einem Abend in Alt-Sachsenhausen, am nächsten in Bornheim in der Apfelweinkneipe mit Einheimischen zusammensitzt, die behaupten, schon lange nicht mehr *hipp de* oder *dripp de Bach* (über dem Main, vom Süden bzw. vom Norden aus gesehen) gewesen zu sein.

Frankfurt ist klein. Alt- und Innenstadt messen gerade einmal zwei Quadratkilometer und damit weniger als ein Prozent der Gesamtgröße.

Frankfurt ist eine Großstadt, in der die tollsten Gegensätze aufeinandertreffen: Fachwerkidyllen und Wolkenkratzer, Industriebauten und lauschige Parks. Und das Beste: Meist liegen die verschiedenen Welten, die den großen Reiz der Stadt ausmachen, so nah beieinander, dass man nach Belieben zwischen ihnen wechseln kann.

In Frankfurt ist die Welt zu Hause. Das sieht und hört man nicht nur im Bahnhofs- oder im Bankenviertel, sondern auch auf der Zeil. Auf der zentralen, umsatzstärksten Einkaufsmeile bewegen sich Menschen aus 174 Nationen, die in buntem Neben- und Miteinander in den über 40 Stadtteilen leben. Fast täglich strömen darüber hinaus Tausende von Pendlern aus dem Umland und Messegäste aus der ganzen Welt in die Stadt hinein und lassen die Einwohnerzahl in die Höhe schnellen, zumindest von 8 bis 18 Uhr. Zur Millionenstadt wird Frankfurt dann zwar auch nur knapp, doch sind auf diese Weise wieder ein paar Welten hinzugekommen.

Ob Frankfurt nun eher ein Dorf ist oder doch Metropole auf Weltniveau, die vielen Gesichter der Stadt lassen sich am besten mit den eigenen Füßen erkunden, Schritt für Schritt, soweit die Beine tragen. Wem dabei die Puste ausgeht, der kann an fast jeder Ecke in die Stadtbusse, in U- oder Straßenbahn umsteigen.

Nach Belieben kann es also zur Stadterkundung ins linke Bockenheim, ins pariserische Westend, ins hippe Nordend und in den wilden Osten gehen oder – in die Höhe. Die Stadtsilhouette ist Frankfurts Sehenswürdigkeit Nummer eins. Wem die 328 Stufen zum schmalen Aussichtsbalkon des Kaiserdoms, der vor 50 Jahren noch das höchste Gebäude der Stadt war, zu mühsam sind, der wird in Kaufhof und Zeilgalerie ganz bequem im (allerdings oft auch sehr engen) Lift in den siebten Stock gefahren. Von der Freiluftterrasse aus kann man bei Kaffee und Kuchen den Anblick der Büro- und Wohntürme auf Augenhöhe genießen. Unübertroffen ist die (kostenpflichtige) Fahrt in den 53. Stock des Main Towers, wo in 200 Metern Höhe nicht nur Frankfurt, sondern auch das gesamte Umland aus der Perspektive eines Vogels zu bestaunen ist.

Eine Einkehr gehört übrigens zu jeder wahren Stadterkundung dazu. Ob Bembelwirtschaft, Börekstube oder schicke Bankerkantine, hier trifft man auf die Bewohner der Stadt – und auf andere Besucher.

Identitätsstiftend wirken in Frankfurt zahlreiche Gerichte (Frankfurter Würstchen, Grüne Soße, Handkäs' mit Musik), die man genauso probieren sollte wie das lokale Traditions- und Kultgetränk, den Ebbelwei, auch Apfelwein, Schoppen oder manchmal einfach nur *Brieh* genannt. Die, die diese *Brühe* im Sommer kalt, pur oder gespritzt, im Winter warm, mit Zucker und Nelken, konsumieren, werden im Frankfurt-Sprech *Schoppepetzer* genannt. Das sollte man schon wissen. Jetzt aber los!

... in des Pudels Kern!

Seit seiner Gründung auf einer Insel zwischen Main und Braubach – die Reste einer römischen Badeanlage und der karolingischen Kaiserpfalz liegen ausgegraben zu Füßen des Doms – ist Frankfurt in gigantischem Maße gewachsen. War die Stadtgrenze im 14. Jahrhundert gerade einmal fünf Kilometer lang, so zählt sie heute 113 Kilometer – von Zeilsheim bis Fechenheim, von Nieder-Erlenbach bis an den Rand des größten deutschen Stadtwalds und des Flughafens südlich des Mains. In allen vier Himmelsrichtungen wurde die Stadt durch Eingemeindungen und Neuansiedlungen vor allem im letzten Drittel des 19. Jahrhunderts erweitert. Bornheim hatte im Jahr 1877 den Anfang gemacht. An einem Tag ist die Stadtgrenze also längst nicht mehr abzulaufen, auch wenn sie in weiten Teilen durchs Grüne führt und das Umweltamt den 64,5 Kilometer langen GrünGürtel-Rundwanderweg ausgeschildert hat.

Wir halten uns für die Stadtumrundung an die historischen Wallanlagen, heute eine um Alt- und Innenstadt sich schmiegende, ebenfalls grüne Parkanlage mit Spielplätzen, Weihern, Rosenrabatten und unzähligen Denkmälern. In der Altstadt wird Frankfurts bedeutendstem Sohn, Johann Wolfgang von Goethe, genauso ein Besuch abgestattet wie einer Vielzahl gotischer Gebäude, die an die eindrucksvolle, durch Zweiten Weltkrieg und Wiederaufbau aber in weiten Teilen untergegangene historische Altstadt erinnern. Auch die an die ehemaligen Wallanlagen oder den Main angrenzenden Quartiere – Bahnhofs- und Bankenviertel, Westend, Nordend, Ostend, Sachsenhausen und die ehemals eigenständigen Gemeinden Bornheim und Bockenheim – bilden das facettenreiche Zentrum der Stadt, das es zu besuchen lohnt. Sachsenhausen war übrigens nie selbstständig, sondern schon 1390 in die Stadtbefestigung miteinbezogen. Es hat sich durch den breiten Main jedoch immer einen Sicherheitsabstand und gewisse Eigenheiten bewahrt. Heutzutage bietet sich vom Sachsenhäuser Mainufer ein besonders eindrücklicher Blick auf die Frankfurter Skyline.

Frankfurt to go führt Sie jedoch nicht nur zu den besten Ausblicken und schönsten Grünanlagen. Wichtige Wahrzeichen wie Dom, Römer und Paulskirche werden genauso angesteuert wie moderne Museen, hohe Häuser und eigentümliche Eckkneipen. Alle 18 Stadtwanderungen sind jeweils als Rundtouren konzipiert, die miteinander (oder auch mit einer Fahrt im Öffentlichen Nahverkehr) kombiniert werden können. Neben ausgefallenen Shoppingadressen und den besten Einkehrtipps steht stets die Essenz der jeweiligen Stadtviertel im Mittelpunkt, das Bleibende also, auch wenn eine Stadt niemals fertig ist – am wenigsten Frankfurt.

Über die Autorin
Anja Zeller ist Kunsthistorikerin und Autorin. Sie hat in Frankfurt studiert und pendelt regelmäßig aus dem Umland in die Mainmetropole.

FRANKFURT
to go

› 18 flache Rundwege
› sechs übersichtliche Karten
› die wichtigsten Sehenswürdigkeiten und Geheimtipps
› mit Kilometerangaben und Laufzeiten (ohne Einkehr oder Besichtigung)
› 1 Kilometer = 15 Minuten

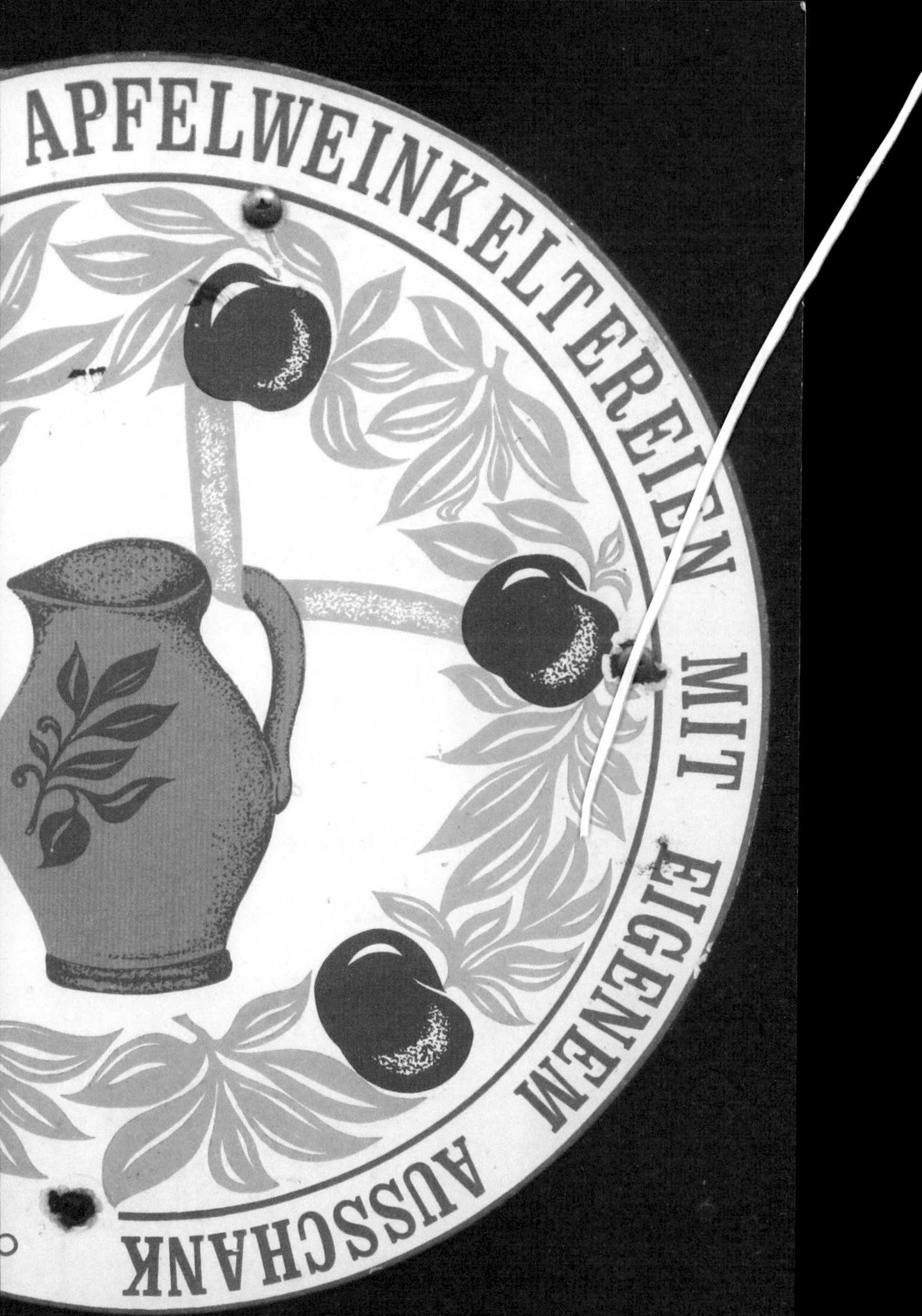
APFELWEINKELTEREIEN MIT EIGENEM AUSSCHANK

FRANKFURT
Kurz und Knapp

ÜBER FRANKFURT

· größte Stadt Hessens
· fünftgrößte Stadt Deutschlands
· 248 km² Fläche
· 680 000 Einwohner aus 174 Nationen
· 113 km lange Stadtgrenze
· 46 Stadtteile
· rund 23 km Ausdehnung Ost-West
  und Nord-Süd
· Wappen: Silberner Adler

EVENTS

APR Luminale · Lichtinstallationen in der
     ganzen Stadt · alle zwei Jahre
JUN Schweizerstraßenfest
AUG Museumsuferfest · letztes Wochenende
     Bergerstraßenfest
     Goethe Festwoche
SEPT IAA · Internationale Automobilausstellung
     alle zwei Jahre
OKT Frankfurter Buchmesse
     Frankfurt-Marathon
DEZ Weihnachtsmarkt auf dem Römerberg

KURZE GESCHICHTE FRANKFURTS

794   erstmals urkundlich erwähnt
1152 Friedrich Barbarossa wird in Frankfurt
      zum König gewählt
1220 Freie Reichsstadt
1240 1. urkundliche Erwähnung als Messestadt
1356 einzige Wahlstätte der römischen Könige
1562–1792 Krönungsstadt der deutschen Kaiser
1810–1813 Großherzogtum Frankfurt
1848 Nationalversammlung in der Paulskirche
1920er Städtebauliches Programm
      Neues Frankfurt
1945 Hauptsitz der amerikanischen
      Militärregierung
1949 Frankfurt verliert knapp gegen Bonn
      und wird nicht Bundeshauptstadt.
1957 Sitz der Deutschen Bundesbank
1998 Sitz der Europäischen Zentralbank

AUSSICHTSPUNKTE

· Main Tower · Neue Mainzer Straße 52–58
  Aussichtsplattform und höchstes öffentliches
  Restaurant
· Eurotheum · 22nd Lounge & Bar
· Zeilgalerie · Aussichtsterrasse
· Fleming's Hotel Deluxe · Eschenheimer Tor 2
  Restaurant mit Balkon im siebten Stock
· Goetheturm im Stadtwald
· Kirchturm des Kaiserdoms St. Bartholomäus
  328 Stufen

SIGHTSEEING

· *Schiffsfahrten auf dem Main*
  www.primus-linie.de
· *Ebbelwei-Express*
  www.ebbelwei-express.com
· *CitySightseeing*
  Stadtrundfahrten im Doppeldeckerbus
  www.stadtrundfahrten-frankfurt.de
· *Frankfurt Sight-Hopping*
  Fahr & Sparkarte mit dem ÖPNV
  www.frankfurt-tourismus.de

FEIERTAGE

Neujahr · Karfreitag · Ostermontag · 1. Mai
Christi Himmelfahrt · Pfingstmontag
Fronleichnam · 3. Oktober · 25./26. Dezember
Inoffizieller Frankfurter Feiertag Wäldchestag
(Dienstag nach Pfingsten)

MARKIERTE WANDERWEGE

· *Auf Goethes Spuren*
  Start/Ziel Goethe-Haus · 11 km
· *Hölderlinpfad*
  Start Goethe-Haus · Ziel Landgräfliches
  Schloss Bad Homburg · 22 km
· *GrünGürtel-Rundwanderweg*
  64 km rund um Frankfurt

WICHTIGE TELEFONNUMMERN

· Polizei 110
· Feuerwehr/Rettungsdienst 112
· Ärztlicher Notdienst 069|192 92
· Zahnärztlicher Notfalldienst 069|660 72 71
· Apotheken-Notdienst 018 01|55 57 77 93 17
· Taxizentrale 069|23 00 01 und 069|23 00 33
· Velo-Taxi 069|71 58 88 55
· Fundbüro Ordnungsamt 069|21 24 24 03

ONLINE INFO

www.frankfurt.de
www.frankfurt-tourismus.de
www.frankfurter-stadtevents.de
www.kulturothek.de

TOURISTINFO

Hauptbahnhof und Römerberg 27
TEL 069|21 23 88 00
info@infofrankfurt.de

LITERATURTIPPS

Frank Berger · *101 Unorte*
Konstantin Kalveram · *Frankfurts Apfelweinführer*
  36 ausgewählte Lokale
Konstantin Kalveram · *Sagenhaftes Frankfurt*
Constanze Kleis · *Gebrauchsanweisung*
  für Frankfurt
Martin Mosebach · *Mein Frankfurt*
Jan Seghers · *Die Braut im Schnee*
  u. a. Frankfurt-Krimis
Valentin Senger · *Kaiserhofstraße 12*
Ingrid Wentzell (Hg.) · *Kreuz und quer durch*
  den Frankfurter GrünGürtel
Anja Zeller · *RadRheinMain*

FRANKFURT
to go

ALTSTADT & INNENSTADT

Karte I

DIE HIGHLIGHTS

1. Aussichtsplattform Zeilgalerie C3
2. Alte Oper und Opernplatz A2
3. Goethe-Haus und Goethe-Museum B4
4. Rote Bar D4
5. Museum für Moderne Kunst D3
6. Kleinmarkthalle C3
7. Erzeugermarkt D3
8. Wacker's Kaffee C3
9. Neue Börse B3
10. Nebbiensches Gartenhaus B2

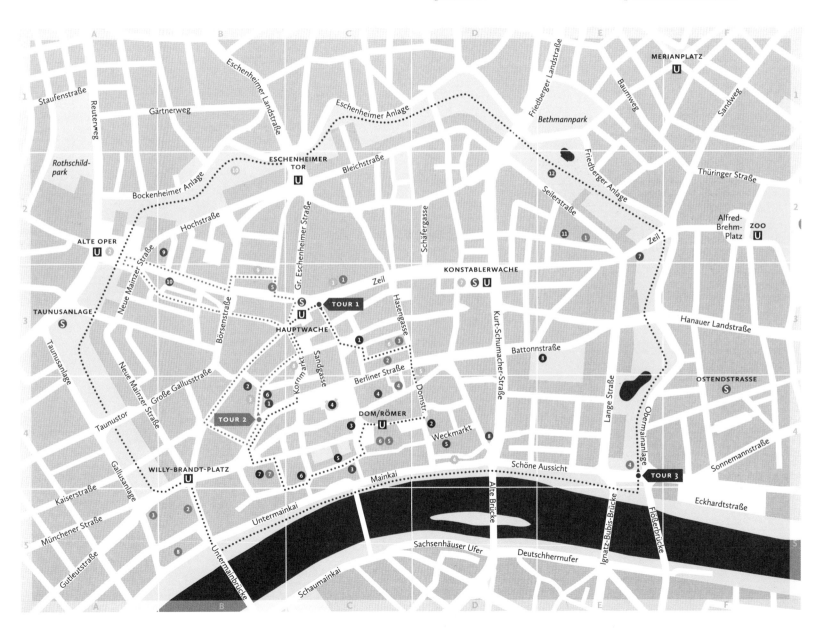

ALTSTADT & INNENSTADT

Giebel der Alten Oper

ALTSTADT & INNENSTADT
In der City auf Touren kommen

Aussichtsterrasse auf der Zeil

HISTORISCHES

Wo heute Dom und Römer stehen, gab es anfangs nur eine Insel. Karl der Große kam mit dem Boot an Main und Braubach, machte ein Dreivierteljahr Station und nannte den Ort *Frankonofurd*, was in einer Urkunde des Jahres 794 festgehalten wurde. Tatsächlich hatten schon die Franken die Furt entdeckt, an der man den Main fußwatend durchqueren konnte. Später erweiterten die Staufer das Gelände, und Frankfurt wurde zur Wahl-, dann auch zur Krönungsstadt der deutschen Könige und Kaiser. Als Ost-West-Achse wurde im 12. Jahrhundert die Zeil angelegt, parallel zur staufischen Stadtmauer, die in Resten erhalten ist nahe der Konstablerwache, wo früher der Viehmarkt stattfand. Ab 1333 wurde die Stadt bis zum heutigen Anlagenring erweitert und in der Barockzeit mit Wällen, Türmen und Gräben befestigt. Die Hauptwache kam als Stadtmiliz erst im 18. Jahrhundert hinzu, als auch die Zeil zur Prachtstraße ausgebaut wurde, große Kaufhäuser gab es hier aber erst ab 1900.

BEKANNTE BEWOHNER

Georg Philipp Telemann, Johann Wolfgang von Goethe, Friedrich Hölderlin, Bettine von Arnim, Arthur Schopenhauer, Ludwig Börne, Rosemarie Nitribitt und Otto Hahn

EVENTS IM STADTTEIL

MRZ Apfelwein im Römer · Degustationsmesse
MAI Grüne Soße Festival · Rossmarkt
JUN Christopher Street Day
AUG Mainfest
DEZ Weihnachtsmarkt · Liebfrauen- und Römerberg
KARSAMSTAG, PFINGSTSAMSTAG, I. ADVENT, HEILIG ABEND Großes Stadtgeläut 50 Glocken der Innenstadtkirchen erklingen um 16.30–17 Uhr bzw. 17–17.30 Uhr

Erst eine warme Wurst, dann einen Cappuccino?
Oder lieber französische Austern zum Rheingauer
Riesling? Frischer Fisch für zu Hause, handgefer-
tigte Ravioli, Käse aus Tirol? Kein Problem in der
Kleinmarkthalle, wo Hessen auf Internationali-
tät und Bio auf Luxus trifft. Die meisten Delika-
tessen dürfen angefasst und probiert werden, den
Plausch mit dem spanischen, persischen oder gar
japanischen Marktbeschicker gibt's gratis dazu.
An den 63 Ständen wird täglich eine Einkaufs- und
Geschmackswelt erschaffen, die nicht nur satt,
sondern auch glücklich macht. Gemüse, Blumen,
Leckereien: ein buntes Erlebnis für alle Sinne!

C3 Kleinmarkthalle · Mo–Fr 8–18 Uhr · Sa 8–16 Uhr

Welche sieben Kräuter gehören in die Grüne Soße?
Um diese Frage zu beantworten, begibt man sich
am besten auf die *Konsti*, wenn Markttag ist. Ein
Kräuterhändler aus Oberrad bietet sie alle einzeln
an, so dass man sich die Anteile von Borretsch,
Kerbel, Kresse, Petersilie, Pimpinelle, Saueramp-
fer und Schnittlauch nach Belieben selbst zusam-
menstellen kann. Abgepackt und fertig angerührt
gibt es die *Grie Soß* natürlich auch. Und dazu das
Beste, was das Umland hergibt: Biogemüse aus
der Wetterau, Forellen aus der Rhön, deftige Brat-
würste aus dem Vogelsberg.

D3 Erzeugermarkt · Konstablerwache
Do 10–20 Uhr · Sa 8–17 Uhr

Die Börsenberichte im Fernsehen kommen stets
von hier, auch wenn der deutsche Wertpapierhan-
del inzwischen längst nach Eschborn umgezogen
ist. Doch ist auch der Saal in der Frankfurter Innenstadt, wo immerhin noch der Parketthandel von-
statten geht, hochmodern. Das Gebäude im Stil
der Neorenaissance mit seiner 43 Meter hohen
Kuppel stammt dagegen von 1879. Nach Voranmel-
dung kann man den Brokern innerhalb von kurz-
weiligen Führungen auf die Finger gucken. Bulle
und Bär wachen vor der Tür, sie symbolisieren das
Auf und Ab der Aktienmärkte.

B3 Neue Börse · Börsenplatz 4
TEL 069|21 11 15 15 · www.boerse-frankfurt.de

Nur noch drei Kaffeeröstereien existieren in
Frankfurt, von einst über 60. Eine davon ist seit
1914 das Wacker, das inzwischen in Fechenheim
produziert, das Stammhaus aber weiter am Kornmarkt betreibt, wo die Bohnen nach altem Fami-
lienrezept täglich frisch geröstet angeboten werden. Es ist italienische Kaffeebar, Wiener Kaffee-
haus und Verkaufsraum in einem und vor allem
im Kleinen. Ein dichtes Gedränge herrscht hier
eigentlich immer.

C3 Wacker's Kaffee · Kornmarkt 9
TEL 069|28 78 10 · www.wackers-kaffee.de
Mo–Fr 8–19 Uhr · Sa 8–18 Uhr

Mitten in der Metropole, umtost vom Autover-
kehr, scheint der kleine weiße Pavillon samt Zier-
garten ein wenig aus der Zeit gefallen. Tatsächlich hat ein Verleger namens Marcus Johannes
Nebbien dieses Kleinod zu Anfang des 19. Jahrhunderts errichten lassen, als der ehemalige Fes-
tungsstreifen rund um die Innenstadt parzelliert
und zu öffentlichen und privaten Gärten umgestaltet wurde. Ein Relikt aus einer anderen Epo-
che ist sein Gartenhaus also, in dem heute der
Frankfurter Künstlerclub zu Lesungen und klas-
sischen Konzerten einlädt.

B2 Nebbiensches Gartenhaus
Bockenheimer Anlage (hinter dem Hilton Hotel)
TEL 069|23 57 34 · NOV–FEB Di–So 11–17 Uhr
MRZ–OKT Di–So 12–18 Uhr
www.frankfurter-kuenstlerclub.de

BAHNHOFSVIERTEL

Treffpunkt der ganzen Welt

...posant: die Bahnhofshallen im Westen der Stadt

Drei Längs- und drei Querstraßen, das ist der Kern des berühmt-berüchtigten Bahnhofsviertels, geprägt von Rotlichtmilieu, Drogenszene und vor allem internationaler Vielfalt. Nichts für schwache Nerven also, dafür um so bunter.

Auf dem einstigen Galgenfeld vor den Toren der Stadt wurde dieser zweitkleinste Frankfurter Stadtteil, begrenzt von Main und Mainzer Landstraße, zwischen 1891 und 1915 geplant und errichtet, nachdem der Hauptbahnhof bereits auf der grünen Wiese stand. Als prächtiges Stadtentrée führte die Kaiserstraße bis zum Rossmarkt. Während die nördliche Taunusstraße nur Hartgesottenen zu empfehlen ist, auch wenn sie sich Richtung City immer schicker gibt, so kann man in der Münchener Straße kulinarische Leckerbissen aller Herren Länder mit Gelassenheit genießen. Außerdem gibt es über hundert Künstlerateliers, das nördliche Mainufer und Frankfurts Hochhäuser zu entdecken.

Der Unternehmer Oskar Schindler (1908–1974) lebte ab 1958 Am Hauptbahnhof 4. Zur Zeit des Naziregimes hat er 1 200 Juden das Leben gerettet.

MAI Wolkenkratzerfestival · sonst der Öffentlichkeit verschlossene Türme öffnen ihre Pforten · unregelmäßig, nächster Termin 25./26.5.2013 · www.wolkenkratzerfestival.de

AUG Bahnhofsviertelnacht · Einblicke in viele Häuser und Einrichtungen, Führungen, Sommerfest · an einem Donnerstag www.bahnhofsviertelnacht.de

BAHNHOFSVIERTEL

Karte II

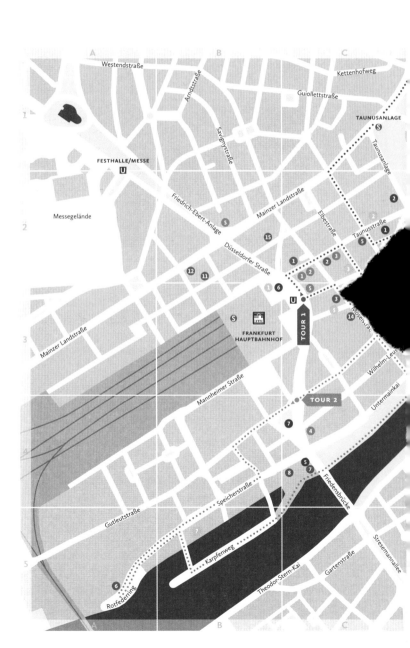

DIE HIGHLIGHTS

1 Hauptbahnhof B3
2 Italienische Weinbar Incantina C2
3 Pik-Dame C2
4 Freimaurerloge D2

5 Münchener Straße C3
6 Plank C3
7 Westhafen B5
8 Nizza-Gärten D3
9 English Theatre D2
10 Skyline D2

Bahnhofshalle im Abendlicht

ALTSTADT & INNENSTADT
Die Highlights

① AUSSICHTSPLATTFORM ZEILGALERIE

Schnell mal die quirlige Zeil verlassen und sich etwas Luft und Überblick verschaffen. Das ist noch nicht im Aufzug in den siebten Stock möglich, aber dann: Der große Stadtbalkon von Kaufhof und Zeilgalerie ist kostenlos zugänglich und der Ausblick überwältigend, mit all den Hochhäusern, Dom, Katharinenkirche und dem Henninger Turm auf der anderen Mainseite. Beeindruckend auch die Kuppel der Neuen Börse. Natürlich kann man sich auf ein Getränk niederlassen und das Stadtpanorama ausführlich studieren.

C3 Restaurant & Café Leonhard's
Zeil 116–126 (7. Stock, Galeria Kaufhof)
TEL 069|219 15 79 · Mo–Sa 9.30–21 Uhr

② ALTE OPER UND OPERNPLATZ

Sehen und gesehen werden: Der Opernplatz ist wunderbar mondän, trotzdem zeigen sich hier nicht nur diejenigen, die das nötige Kleingeld zum Einkaufen auf der Fressgass oder Goethestraße im Portemonnaie haben. Am großen Springbrunnen lassen sich auch Flaneure nieder, die nur gucken und ein Eis essen wollen oder Besucher einer Veranstaltung in der Alten Oper sind. Die nach Pariser Vorbild zwischen 1873 und 1880 erstmals errichtete Oper wurde 1944 zerstört und nach langem politischen Streit 1981 äußerlich prächtig rekonstruiert.

A2 Alte Oper · Konzert- & Kongresszentrum
Opernplatz · TEL 069|134 00 · www.alte-oper.de

③ GOETHE-HAUS UND GOETHE-MUSEUM

Küche, Wohn- und Studierstube, alles sieht so echt aus, als müsse man nur eine Weile warten, bis die Familie Goethe nach Hause kommt. Und doch ist fast alles *fake*! Aber schon Mark Twain hat Goethes Geburtshaus, in dem der *Götz von Berlichingen* und *Die Leiden des jungen Werther* entstanden sind, im 19. Jahrhundert einen Besuch abgestattet. Bis heute hat der Besucherstrom nicht abgelassen. Nebenan, weniger bekannt, dafür umso wichtiger, ist ein Museum mit originaler Malerei der Goethezeit eingerichtet, etwa von Angelika Kauffmann und Johann Heinrich Füssli.

B4 Goethe-Haus und Goethe-Museum
Großer Hirschgraben 23–25 · TEL 069|13 88 99
www.goethehaus-frankfurt.de
Mo–Sa 10–18 Uhr · So 10–17.30 Uhr

④ ROTE BAR

Der Eingang ist schwer zu finden. Mutige folgen dem schummrigen Lichtschein ins Erdgeschoss eines schlichten, klassizistischen Doppelhauses. Dann ein kleiner Raum mit langgestreckter Bar, eingetaucht in rotes Licht. Schwups ist man in eine andere Welt und irgendwie auch in eine andere Zeit entrückt. Hinter der Bar wird wahre Cocktail-Kunst, ja Cocktail-Choreografie zelebriert. Jedes einzelne Getränk wird vor den Augen der Gäste zum Meisterwerk, das nur vom Zeremonienmeister abgeschmeckt über den Tresen geht!

D4 Rote Bar · Mainkai 7 · www.rotebar.com
TEL 069|29 35 33 · Mo–Do 21–1 Uhr · Fr, Sa 21–2 Uhr

⑤ MUSEUM FÜR MODERNE KUNST

Es ist angerichtet! Im »Tortenstück« des Wiener Architekten Hans Hollein werden echte Schmankerl der modernen Künste aufgetischt: Fotografie, Malerei, Installationen und viel Skulptur. Bekannt und beliebt sind die *57 Pinguine* von Stefan Balkenhol, die *Tischgesellschaft* von Katharina Fritsch oder der Beuysraum *Blitzschlag mit Lichtschein auf Hirsch*. Sie werden garniert mit Pop-Art von Roy Lichtenstein und Andy Warhol. Auf dem Dach des Hauses leben Bienen, ganze zehn Völker, die als Kunstprojekt den Museumshonig produzieren (Besuch einmal im Monat).

D3 Museum für Moderne Kunst · Domstraße 10
TEL 069|21 23 04 47 · www.mmk-frankfurt.de
Di–So 10–18 Uhr · Mi 10–20 Uhr

❶ Liebfrauenkirche und Kapuzinerkloster C3
Liebfrauenstraße/Schärfengässchen
TEL 069|29 72 960 · www.liebfrauen.net · *Bietet
Seelsorge in der City und als kunsthistorisches High-
light das Tympanonrelief »Anbetung der Könige«
von Madern Gerthener. Lauschiger Innenhof!*

❷ Kaiserdom St. Bartholomäus · Domplatz D4
TEL 069|29 70 320 · www.dom-frankfurt.de
tgl. 9–12 Uhr & 14.30–18 Uhr · Dom-Museum
Di–Fr 10–17 Uhr · Sa, So 11–17 Uhr · *Die Krönungs-
stätte der deutschen Kaiser und Könige war bis 1960
das höchste Frankfurter Gebäude.*

❸ Römer (Rathaus) · Römerberg 27 C4
*Seit 1405 wird hinter der schmucken Dreigiebelfassade
regiert. Der Kaisersaal kann tgl. 10–13 Uhr & 14–17 Uhr
(Eingang Limpurgergasse) besichtigt werden.*

❹ Paulskirche · Paulsplatz 11 C4
*Die 1833 geweihte Kirche wurde 1848 zum Sitz der
ersten deutschen Nationalversammlung und 1948
komplett rekonstruiert.*

❺ Alte Nikolaikirche · Römerberg 11 C4
TEL 069|28 42 35 · www.paulsgemeinde.de
*In das spätgotische Kleinod gingen früher Rats-
herren wie Messebeschicker zum Gebet.*

❻ Leonhardskirche · Am Leonhardstor 25 C4
TEL 069|29 70 320 · www.dom-frankfurt.de
*Spätromanischen Ursprungs, spätgotisch um-
gebaut, sehenswert!*

❼ Karmeliterkloster · Münzgasse 9 B4
Institut für Stadtgeschichte · TEL 069|21 23 84 25
www.stadtgeschichte-ffm.de · *Die Wandmalereien
von Jörg Ratgeb aus den Jahren 1514 bis 1521 stellen
die Geschichte des Ordens dar.*

❽ Jüdischer Friedhof und Mahnmal E3
Battonnstraße 2/Neuer Börneplatz · Schlüssel
im Museum Judengasse · TEL 069|56 18 26
Di, Do–So 10–17 Uhr · Mi 10–20 Uhr · *An der ehe-
maligen Judengasse liegt der zweitälteste jüdische
Friedhof Deutschlands (1462–1828).*

❶ Heimat · Berliner Straße 70 B4
TEL 069|29 72 59 94 · www.heimat-restaurant.de
tgl. 18–1 Uhr · €€ · *Feine Küche im umgebauten
Fünfzigerjahre-Kiosk.*

❷ Dichtung & Wahrheit · Am Salzhaus 1 B4
TEL 069|13 37 91 41 · www.dichtung-wahrheit.de
Küche 12–23 Uhr · €€ · *Sehr gute Küche um die Ecke
vom Goethe-Haus.*

❸ Café und Konditorei Hollhorst C4
Fahrtor 1 (Haus Wertheym) · TEL 069|28 27 69
www.konditorei-hollhorst.de · Di–Sa 11–18 Uhr
Sa, So, feiertags 12–18 Uhr · *Führt seit 1930 süße
Frankfurter Spezialitäten: Bethmännchen, Brenten,
Frankfurter Kranz.*

❹ Café Iimori · Braubachstraße 24 C4
TEL 069|97 76 82 47 · www.iimori.de
Mo–Fr 9–19 Uhr · Sa, So 10–19 Uhr · *Beste japa-
nische Patisserie in origineller Einrichtung!*

❺ Metropol · Café am Dom D4
Weckmarkt 13–15 · TEL 069|28 82 87
www.metropolcafe.de · Di–Do 9–1 Uhr
Fr, Sa 9–2 Uhr · So 9–24 Uhr · *Alternativer
Innenstadttreff mit nettem Freisitz.*

❻ Café Karin · Großer Hirschgraben 28 B4
TEL 069|29 52 17 · www.cafekarin.de
Mo–Sa 9–24 Uhr · So 10–19 Uhr · *Zentraler
geht's kaum, immer gut besucht.*

❼ Café Maingold · Vierzimmerküchebar E2
Zeil 1 (an der Wallanlage) · TEL 069|28 33 27
www.cafe-maingold.de · Mo–Do 12–1 Uhr
Fr, Sa 9–2 Uhr · So 10–21 Uhr · *Sehr charmant!*

❽ Moloko+ · Kurt-Schumacher-Straße 1 D4
www.moloko-am-meer.de · So–Do 10–1 Uhr
Fr, Sa 10–2 Uhr · *Kaffee & Kuchen, kleine Speisen,
szenige Gäste.*

❾ Club Voltaire · Kleine Hochstraße 5   B2
TEL 069|29 24 08 · www.club-voltaire.de
Mo–Sa 18–1 Uhr · So 18–24 Uhr · *68er-Institution,
Kneipe, Diskos, politisch-kulturelle Veranstaltungen,
kleine Speisen.*

❿ Jazzkeller · Kl. Bockenheimer Straße 18a   B3
TEL 069|28 85 37 · www.jazzkeller.com
Mi Jam Session ab 21 Uhr · Fr Disko ab 22 Uhr
Seit 1952 die Adresse für Jazz und gute Konzerte!

⓫ Silbergold · Heiligkreuzgasse 22   E2
www.silbergold.org · Do–Sa ab 23 Uhr
Club, Elektro, Rave, Techno, House.

⓬ Club Odeon · Seilerstraße 34   E2
TEL 069|28 50 55 · www.theodeon.de
Mo, Do–Sa ab 22 Uhr · *Studentenpartys u. a.*

KULTUR

❶ Varieté-Theater Tigerpalast   E2
Heiligkreuzgasse 16–20 · TEL 069|92 00 220
www.tigerpalast.com · *Theaterchef Johnny
Klinke lädt auch zum Abendmahl ins exklusive
Tigerrestaurant (Di–Sa ab 19 Uhr · €€€).*

❷ Schauspiel · Willy-Brandt-Platz   B5
TEL 069|21 24 94 94 · www.schauspielfrankfurt.de
*Seit Beginn der Intendanz von Oliver Reese sind die
Vorstellungen meist ausverkauft.*

❸ Oper · Untermainanlage 11   A5
TEL 069|21 23 70 00 · www.oper-frankfurt.de
Deutschlands beste Oper & bestes Opernorchester.

❹ Literaturhaus Frankfurt   E4
Schöne Aussicht 2 · TEL 069|75 61 840
www.literaturhaus-frankfurt.de · *Lesungen und
Restaurant Goldmund (€€).*

MUSEEN

❺ Schirn Kunsthalle · Römerberg   C4
TEL 069|29 98 820 · www.schirn.de
Di–So 10–19 Uhr · Mi, Do 10–22 Uhr · *Die Wechselausstellungen sind meist Publikumsmagneten.*

❻ Frankfurter Kunstverein   C4
Steinernes Haus am Römerberg · Markt 44
TEL 069|21 93 140 · www.fkv.de · Di–So 11–19 Uhr
Ausstellungen zeitgenössischer Kunst, schönes Café.

❼ Archäologisches Museum   B4
in der Karmeliterkirche · Karmelitergasse 1
www.archaeologisches-museum.frankfurt.de
TEL 069|21 23 58 96 · Di–So 10–18 Uhr
Mi 10–20 Uhr

❽ Jüdisches Museum · Untermainkai 14–15   B5
TEL 069|21 23 50 00 · www.juedischesmuseum.de
Di–So 10–17 Uhr · Mi 10–20 Uhr · *mit Buchhandlung und Café. Dependance Museum Judengasse
am Börneplatz.*

SHOPPING

❶ Souvenir Frankfurt · Zeilgalerie   C3
Ebene 3 · Zeil 112–114 · TEL 069|36 60 47 10
www.souvenir-frankfurt.de · Mi–Sa 12–20 Uhr
*Aus einem Kunstprojekt hervorgegangener
Andenkenladen mit Café.*

❷ Kulturothek · An der Kleinmarkthalle 7–9   C3
TEL 069|28 10 10 · www.kulturothek.de
Mo–Fr 10–18 Uhr · Sa 10–15 Uhr · *Stadtführungen,
Lesungen, kleiner Shop mit Frankfurtensien.*

❸ Walther König Buchhandlung   C3
Hasengasse 5–7 · TEL 069|29 65 88
Mo–Fr 10–19 Uhr · Sa 10–18 Uhr · *Kunst, Fotografie, Architektur auf Papier und zwischen zwei Deckeln!*

❹ Bitter & Zart · Chocolaterie & Café   C4
Braubachstraße 14 · TEL 069|94 94 28 46
www.bitterundzart.de · Mo–Fr 10–19 Uhr
Sa 10–16 Uhr · *Schokolade von ihren schönsten
Seiten – zum Gucken, Probieren und Kaufen.*

MÄRKTE

❺ Schillermarkt   B3
Fr 9–18.30 Uhr · *Reiche Auswahl an Frische und
Feinkost, ganz nah an der Zeil.*

TOUR 1

Ins gotische Herz der Stadt

1,8 km | 30 min

Von der Hauptwache aus starten wir in die Altstadt Frankfurts, die, einst eine der schönsten und größten Deutschlands, mit ihren engen Gassen bis zum Zweiten Weltkrieg am Liebfrauenberg begann. In der Kleinmarkthalle ⑨ (wo es sechs Sorten brühwarme Wurst auf die Hand gibt) oder auch südlich von ihr geht's vor zur Hasengasse, dann, am Museum für Moderne Kunst ⑤ direkt zum Dom ❷, in dem die deutschen Könige und Kaiser gekrönt wurden. Nach Schirn ⑤ – auch hier verkaufte man früher warme Wurst – und Kunstverein ⑥ im Steinernen Haus mit ihren hochkarätigen Wechselausstellungen meist zeitgenössischer Kunst: der weite Römerberg samt Rathaus ❸ und Nikolaikirche ⑤ mit der geschichtsträchtigen Paulskirche ❹ in Sichtweite. Wir statten der spätgotischen Leonhardskirche ⑥ und den Fresken von Jörg Ratgeb im Kreuzgang des Karmeliterklosters ❼ einen Besuch ab und gelangen über den Kornmarkt zurück zum Ausgangspunkt.

Rathaus am Römerberg

Goethes Geburtshaus

TOUR 2

Goethes Geist in allen Gassen

2 km | 30 min

Am 28. August 1749 wurde Johann Wolfgang von Goethe im Großen Hirschgraben geboren. Wir beginnen die Runde an seinem Geburtshaus ⑨; in der nahen Katharinenkirche wurde er konfirmiert. An der Hauptwache hat er gesehen, wie die Kindsmörderin Susanna Brandt hingerichtet wurde und diese später als Gretchen im *Faust* verewigt. Ein Abstecher lohnt in die Schillerstraße zu Bulle und Bär vor der Neuen Börse ⑨. Auf der Fressgass geht's bis zur Alten Oper ❷, die an Goethes Geburtstag 1981 zum zweiten Mal eröffnet wurde, dem »Wahren, Schönen, Guten« gewidmet. Besonders nobel kommt die Goethestraße daher, die zum Goethe-Denkmal und zum Gutenberg-Denkmal am Rossmarkt führt. Ein Schlenker noch zum Frankfurter Hof, wo Goethes Zeitgenosse Hölderlin bei der Familie Gontard als Hauslehrer arbeitete, dann lassen wir im *Dichtung & Wahrheit* ❷ die Goethe-Tour ausklingen.

TOUR 3

Entlang der ehemaligen Stadtmauer

5,6 km | 80 min

Auf geht's zur Innenstadtumrundung entlang der ehemaligen Wallanlagen, die ab 1807 in einen zackenförmigen Grüngürtel mit unzähligen Denkmälern, Weihern und Spielplätzen umgewandelt wurden und heute aus sieben großteils nach den ehemaligen Stadttoren benannten Teilstücken bestehen. Ausgangspunkt kann das Literaturhaus ❹ an der Schönen Aussicht sein. Erstes Denkmal: Arthur Schopenhauer, der hier 30 Jahre um die Ecke lebte. Dann: Frankfurts erstes öffentliches Museum für nur eine Skulptur, die *Ariadne auf dem Panther*, von Simon von Bethmann gestiftet (heute Club Odeon ⑫), und der Eschenheimer Turm, Überbleibsel der Stadtbefestigung. Besonders schön: das Nebbiensche Gartenhaus ⑩; hineingeschnitten in die Grünanlage ist die Alte Oper ❷. Die Taunusanlage gibt sich als Skulpturenpark, das Jüdische Museum ❻ bildet einen Riegel am Main. Direkt am Ufer geht's zurück zur Schönen Aussicht.

Rosengarten in den Wallanlagen

BAHNHOFSVIERTEL
Die Highlights

❶ HAUPTBAHNHOF

Diesen Bahnhof bringt so schnell keiner unter die Erde. Die 206 Meter breite Neorenaissance-Fassade wird von Atlas gekrönt, dem Elektrizität und Dampfkraft helfen, die Erdkugel zu tragen. Als zentraler Kopfbahnhof 1888 vor den Stadttoren eröffnet, um die drei westlichen Bahnlinien unter einem Dach zu vereinen, war er nach Leipzig der Größe nach lange die Nummer zwei in Deutschland. Auch wenn man keine Reise unternehmen will, ist das fünfschiffige Empfangsgebäude sehenswert, durch das täglich 200 000 Pendler aus dem Umland strömen. B3

❷ ITALIENISCHE WEINBAR INCANTINA

Die Winzergenossenschaft der Emilia-Romagna lässt hier ihre Erzeugnisse verkosten. Jeden Monat werden die besten Weine der hessischen Partnerregion ausgewählt und an den Main geschickt, dazu gibt's Parmaschinken, Salami und kleine warme Gerichte. Die Weinbar im modernen Skyper Carré ist schlicht und sympathisch. Sie kommt ganz ohne landestypische Folklore aus und bietet vinologische Vielfalt auf hohem Niveau. Ob sie in Bologna im Gegenzug wohl den hessischen Apfelwein goutieren?
C2 Incantina · Taunusstraße 6 (Skyper Carré)
TEL 069|24 00 87 90 · www.incantina.org
Mo–Fr 11–23 Uhr · Sa 18–23 Uhr · €

❸ PIK-DAME

Eine echte Animierbar? Mit Stangentanz? Na klar, wir sind auf der Elbestraße mitten im Rotlichtmilieu. In einem rot geplüschten Nachtclub also, der sich jedoch jeden letzten Sonntag im Monat in eine Kleinkunstbühne verwandelt. Dann betreten, neben den Stripteasetänzerinnen, auch Artisten, Sänger und Zauberkünstler die Manege. Pik-Dame ist Kult, sein Markenzeichen die drei Karussellpferde an der Bar.
C2 Pik-Dame · Elbestraße 31 · TEL 069|23 63 29
www.pik-sonntag.de · jeden letzten Sonntag im Monat, Showbeginn 20.30 Uhr

❹ FREIMAURERLOGE

Ein bisschen unheimlich ist so eine Geheimgesellschaft ja schon. Seit 1742 existiert die Freimaurerloge *Zur Einigkeit* in Frankfurt, gelegentlich lädt sie auch die Öffentlichkeit in ihre Räumlichkeiten ein. Dann darf man vorbeikommen, den neobarocken Festsaal bestaunen und Fragen stellen. 1894 wurde das Geschäftshaus in der Kaiserstraße 37 für die Freimaurerloge errichtet und wie durch ein Wunder ist es im Krieg komplett erhalten geblieben. Noch drei andere Logen residieren hier. Wenn da mal keine geheimen Kräfte im Spiel waren!
D2 Freimaurerloge *Zur Einigkeit*
Kaiserstraße 37 · TEL 069|23 28 16
www.freimaurerloge-zur-einigkeit-frankfurt.de

❺ MÜNCHENER STRASSE

Die Münchener Straße ist ein Basar. Arabische und türkische Gemüseläden, vier Moscheen, Teestuben, unzählige Frisöre und eine Auslage, die behauptet, *alles* im Angebot zu haben. Dazwischen ein gut sortiertes Schreibwarengeschäft, ein Schuster mit Hammermuseum ❻ im ersten Stock und Fußreflexzonenmassage als Sonderservice im Angebot, Apotheken, das fast rund um die Uhr geöffnete *Moseleck* ⑩, gründerzeitliche Bausubstanz und die Straßenbahn Linie 11, eine der interessantesten Verbindungen Frankfurts. Wer das multikulturelle Frankfurt sucht, ist hier richtig. C3

❶ Silver Tower · Jürgen-Ponto-Platz 1   C2
Außenfassade: silbernes Aluminium · 166,8 m hoch.

❷ Skyper · Taunusanlage 1   C2
www.skyper-frankfurt.de · *Ensemble aus Carré,
Hochhaus und der Holzmann-Villa von 1915 mit
denkmalgeschütztem Paternoster.*

❸ Main Tower · Neue Mainzer Straße   D1
www.maintower.de · *Sitz der Hessischen Landes-
bank, Studio des Hessischen Rundfunks, Restaurant
und gigantische Aussichtsplattform · Aufzug: 5 Euro.*

❹ Commerzbank Tower   D2
Große Gallusstraße 17–19/Kaiserplatz · *259 m
hoch (ohne Antenne), innen begrünt, Stararchitekt:
Sir Norman Foster, ins Erdgeschoss darf man rein.*

❺ Westhafen Tower · Westhafenplatz 1   C4
*Im Volksmund »Gerippter« genannt. 109 m hoch,
das Wahrzeichen des nord-westlichen Mainufers.*

❻ Bahnhofsplatz   B3
Entrée der Stadt, großer Straßenbahnhaltepunkt.

❼ Baseler Platz   C4
Stark befahrener Verkehrsknoten, kleine Grünanlage.

❽ Willy-Brandt-Platz   D2
an den Städtischen Bühnen und dem Eurotower.

❶ Sushiedo · Taunusstraße 50   C2
TEL 069|56 99 98 69 · www.sushiedo.de
Mo–Fr 11.30–23 Uhr · Sa 13–23 Uhr · So 16–22 Uhr
Sushi vom Band und »All you can eat«.

❷ Currywurst Taunus 25   C2
Taunusstraße 25 · TEL 069|46 09 08 58
www.currywursttaunus25.de
Mo–Mi 11.30–0 Uhr · Do 11.30–4 Uhr
Fr 11.30–6 Uhr · Sa 14.30–6 Uhr · € · *Viele leckere
Currywurst-Varianten mit hausgemachter Soße!*

❸ China-Imbiss Jade Magic-Wok   C3
Moselstraße 25 · TEL 069|27 13 59 88 · € · *Speisekar-
ten für Deutsche und Chinesen, stets großer Andrang.*

❹ Windows 25 · Taunustor 2   D2
TEL 069|954 40 00 · www.windows25.de
Mo–Fr 11.30–14.30 Uhr · € · *Restaurant im Japan-
Tower, hier kommt das Essen auf die Waage!*

❺ Indigo Indisches Restaurant   C2
Taunusstraße 17 · TEL 069|26 48 88 78
www.in-indigo.de · tgl. 11.30–14.30 Uhr und
ab 17.30 Uhr · €€

❻ Restaurant Druckwasserwerk   A5
Rotfeder Ring 16 · TEL 069|256 28 77 00
www.restaurant-druckwasserwerk.de
Mo–Fr 11.30–24 Uhr · Sa 18–24 Uhr · So 10–24 Uhr
€€ · *Schicke Location in historischem Ambiente,
Sonntagsbrunch, Außensitze.*

❼ Frankfurter Botschaft   C4
Westhafenplatz 6–8 · TEL 069|24 00 48 99
www.frankfurter-botschaft.de · tgl. 10–1 Uhr
€€ · *Mit Beach, beliebter Sonntagsbrunch.*

❽ L'Osteria · Speicherstraße 1   C4
TEL 069|24 24 70 20 · www.losteria.de
Mo–Sa 11–24 · So 12–24 Uhr · *Pizza und Pasta,
direkt am Westhafen Tower, gemütlich!*

❾ Nizza am Main · Untermainkai 17   D3
TEL 069|26 95 29 22 · www.nizzamain.de
So–Fr ab 12 Uhr · Sa ab 18 Uhr · €€ · *Sommer-
terrasse mit Blick aufs Museumsufer.*

❿ Im Herzen Afrikas · Gutleutstraße 13   D3
TEL 069|24 24 60 80 · www.im-herzen-afrikas.de
18 und 21 Uhr, nur mit Reservierung · € · *Ersetzt
die Fernreise! Afrikanische Köstlichkeiten. Bar und
Restaurant aus viel Lehm, Sand und Holz.*

⓫ Pizzeria 7 Bello · Niddastraße 82   B2
TEL 069|23 60 99 · Mo–Sa 10–0.30 Uhr · € · *Pizza
und andere italienische Spezialitäten, auch zum
Mitnehmen, sehr beliebt!*

⓬ Kleine Anna · Mainzer Landstraße 111   B2
TEL 069|45 09 48 94 · www.kleineanna.de
Mo–Fr 9–17.30 Uhr · € · *Kaffee und Steinofenbrote
mit Aufstrichen nach Wahl.*

MUSEEN

❸ Hammermuseum C3
im ersten Stock über der Schusterei Lenz
Münchener Straße 36 · TEL 069|24 00 96 43
www.vollderhammer.eu · Mo–Fr 8.30–18.30 Uhr
Sa 9–13 Uhr

❹ Olschewski & Behm · Untermainkai 20 D3
TEL 069|13 81 91 07 · www.olschewski-behm.com
Di–Fr 12–18 Uhr · Sa 12–16 Uhr · *Galerie für internationale zeitgenössische Kunst.*

❺ DZ Bank Kunstsammlung B2
Art Foyer, Platz der Republik · TEL 069|74 47 23 86
www.dzbank-kunstsammlung.de · Di–Sa 11–19 Uhr
*Eintritt frei, öffentliche Führungen jeden letzten Frei-
tag im Monat um 17.30 Uhr.*

BARS · CLUBS · CAFÉS

⑬ Orange Peel · Kaiserstraße 39 D2
www.orange-peel.de · *Club, Disko, Konzerte,
Bar, Partys, Lesungen.*

⑭ Moseleck · Moselstraße 21 C3
TEL 069|23 66 40 · www.moseleck-ffm.de
*traditionsreiche Bierkneipe, nicht jedermanns
Geschmack, ideal zum Eintrachtgucken, 22 Stunden
am Tag geöffnet.*

⑮ Luna Park 64 · Niddastraße 64 B2
TEL 069|40 76 93 88 · Mo–Do 8–18.30 Uhr
Fr 8–20 Uhr · *Mittagstisch und Café, manchmal
auch Tanzveranstaltungen.*

⑯ main tower Restaurant & Bar D1
Neue Mainzer Straße 52–58 · TEL 069|36 50 47 77
Di–Fr 12–15 Uhr, 18–1 Uhr · Sa 18–1 Uhr
*Speisen oder Cocktailtrinken in 187 Meter Höhe.
Achtung: letzte Fahrt nach oben um 23.30 Uhr.*

⑰ 22nd Lounge & Bar D1
Neue Mainzer Straße 66–68 · TEL 069|21 08 80
www.innside.de · *Hotel-Bar im 22. Stock des
Eurotheum, gigantisches Panorama, Glas-Aufzug
nur für Schwindelfreie.*

KULTUR

❶ Galileo Art Tower D2
Commerzbank Gallileo-Hochhaus · Gallusanlage 7
TEL 069|13 65 31 12 · www.commerzbank.de
Kunstführungen jeden 3. Mittwoch im Monat.

❷ Basis e.V. D2
Gutleutstraße 8–12 und Elbestraße 10, Hinterhaus
www.basis-frankfurt.de · Di–Fr 11–19 Uhr
Sa, So 12–18 Uhr · *Künstlerateliers, Einzel- und
Gruppenausstellungen, Veranstaltungen.*

SHOPPING

❶ GM Foto · Taunusstraße 45 C2
TEL 069|238 57 00 · www.gmfoto.de
Mo–Fr 10–18.30 Uhr · Sa 10–16 Uhr

❷ Cream Music · Taunusstraße 43 C2
TEL 069|23 45 36 · www.cream-music.de
Mo–Fr 10–19 Uhr · Sa 10–18 Uhr · *Familiengeführ-
tes Musikfachgeschäft für Gitarren, Studiotechnik,
Drums. Seit 1908, schon Elvis war hier Kunde.*

❸ Fixiestube Werkstatt C2
Taunusstraße 37 (Keller) · TEL 069|37 40 40 00
www.fixiestube.de · Mo–Sa 10.30–19 Uhr
*Radwerkstatt, urban bicycles, alte Rennräder,
kompetente Beratung.*

❹ Transnormal C4
Baseler Platz 8 · TEL 069|25 66 78 37
www.transnormal.de · Di–Fr 11– 19 Uhr
Sa 11–16 Uhr · *Die Damenboutique für den Herrn.*

MÄRKTE

❺ Kaisermarkt im Kaisersack C3
Di, Do 9–19 Uhr · *mit zahlreichen Imbissen,
z.B. Gisela Pauls Grüne-Soße-Mobil.*

Verlockende Angebote

TOUR 1

Im Zickzack durchs Vergnügungsviertel

1,5 km | 20 min

In der Taunusstraße wechseln sich Peep-Shows, Bars und Kneipen ab, darunter ein guter Sushi-Imbiss und die heißeste Currywurst der Stadt. In der Elbestraße lohnen am letzten Sonntag im Monat die Veranstaltungen der *Pik-Dame* ❷. Auf der Kaiserstraße, dem einstigen Prachtboulevard, reihen sich Straßencafés, Sprachschulen und Handyläden aneinander. In der Nummer 37 unterhält seit 1894 die Freimaurerloge *Zur Einigkeit* ihr neobarockes Quartier. Zweimal rechts, dann geht es auf der Münchener Straße ❹ wieder Richtung Bahnhof – mit Einkaufs- und Einkehrmöglichkeiten aus aller Welt. Kaum ein exotisches Gewürz, das man hier nicht auftreiben könnte, außerdem frischer Fisch! Urbanes An-der-Bar-stehen im *Plank* ❹ oder lieber volkstümelnd am Tresen des *Moseleck* ⓮ – zum mehr oder weniger gepflegten Absturz ist hier rund um die Uhr reichlich Gelegenheit.

Ebbelwei-Express

TOUR 2

Nah am Wasser gebaut – Westhafen & Mainuferpark

4 km | 60 min

Südlich des Hauptbahnhofs ❶ geht's vom Baseler Platz ❼ zum Eingangstor der backsteinroten Gutleutkaserne aus dem Jahr 1877, dann links mit der Werftstraße zu den Neubauten mit hauseigenen Bootsanlegern am ehemaligen Westhafen ❾. Der Bachforellenweg führt an einiger Gastronomie vorbei bis zum historischen Druckwasserwerk ❻. Schnell über die Fußgängerbrücke, schon laufen wir auf dem Karpfenweg zur *Frankfurter Botschaft* ❼, wo man von Liegestühlen aus gut den Schiffsverkehr auf dem Main beobachten kann. Allseits beliebt ist der an ein Apfelweinglas erinnernde Westhafen Tower ❺. Wir schlendern weiter am Wasser und zwischen Friedens- und Untermainbrücke an der wärmsten Zone Frankfurts entlang: In den Nizza-Gärten ⓾ gedeihen seit dem 19. Jahrhundert mediterrane Gewächse. Mit Windmühl- und der etwas lauteren Gutleutstraße kehren wir zurück zum Baseler Platz.

TOUR 3

Ab in die Senkrechte! Frankfurts Skyline

2,5 km | 40 min

Links und rechts der Taunusanlage, der Grenze zwischen Bahnhofsviertel und Innenstadt, stehen Frankfurts Wolkenkratzer dicht an dicht. Wir beginnen die Tour am Willy-Brandt-Platz ❽ mit dem Eurotower (148,5 m, 1977) und statten dem höchsten Gebäude der EU, der Commerzbank ❹ von Norman Foster (259 m, 1997) am Kaiserplatz, einen Besuch ab. In der Neuen Mainzer Straße geht's im Japan-Tower (115 m, 1996, Restaurant im 25. Stock), im Eurotheum (110 m, 1999, Hotelbar im 22. Stock) oder am besten im Main Tower (240 m, 1999, Aussichtsplattform unter freiem Himmel) ❸ hoch hinaus. Zurück am Boden folgen OpernTurm (170 m, 2000), die spiegelnden Zwillingstürme der Deutschen Bank (158 m, 1984) bereits im Westend und weitere Bankentürme an der Mainzer Landstraße, etwa das Trianon (186 m, 1993). Links biegen wir in die Weserstraße, am Skyper-Ensemble ❷ vorbei, und in die Neckarstraße zu Silver Tower ❶ (166,7 m, 1978/2011) und Galileo (136,8 m, 2003).

Die Bar ist eine erholsame Insel in der lebendigen
Münchener Straße. Das Plank ist schwarz, klein
und eng, so kommt man leicht ins Gespräch mit
den Künstlern und Kreativen, die hier auf einen
Kaffee oder Aperitif vorbeischauen. Es gibt Tan-
nenzäpfle-Bier, verschiedene Weine und tagsüber
sogar kleine Speisen. Die Stählemühle-Schnäpse
kosten zwar 7,50 Euro, sind aber von ganz besonderer Qualität. DJ Ata, der auch das Robert John-
son in Offenbach betreibt, hat mit seiner Frau
einen Raum geschaffen, den man gern immer
wieder als Station für Zwischendurch einplant.

C3 Plank · Elbestraße 15
TEL 069|26 95 86 66 · www.barplank.de
Mo–Do 10–1 Uhr · Fr 10–2 Uhr · Sa 20–2 Uhr

Mehrere Einkehrmöglichkeiten und ein bisschen
Meeresbrise: Nicht nur am *Gerippten* kann man
die Füße in den Sand stecken und den Booten auf
dem Main hinterherschauen. Der Westhafen wird
immer mehr zum Erholungsort. Auch am historischen Druckwasserwerk ❻ sind neuerdings
Liegestühle direkt am Ufer aufgestellt, und der
Karpfenweg endet in einer kleinen Aussichtsro-
tunde mitten im Main. Von soviel Wasser ist man
in der Mainmetropole sonst selten umgeben. B5

Im 19. Jahrhundert angelegt, avancierten die
Nizza-Gärten zwischen Friedens- und Untermainbrücke gleich zu einem der beliebtesten Ausflugs-
ziele der Frankfurter Sonntagsspaziergänger. Hier
konnte man Palmen, Zypressen und Oliven bestaunen und sich dabei ein bisschen südländisch
fühlen. An ganz heißen Tagen lockte zudem ein
Bad im Main. Ab 1898 wurde im Sommer auf Pon-
tons eine Schwimmanstalt am nördlichen Mainufer betrieben. Nach dem Zweiten Weltkrieg ver-
kam das Frankfurter Nizza erst einmal, doch in
den letzten Jahren trägt die gärtnerische Pflege
wieder schönste Früchte. D3

Mietfrei darf das English Theatre als eines der
Kultursponsoring-Projekte der Commerzbank
seit Errichtung des Hochhauses im Gallileo residieren. Im internationalen Mainhattan macht
sich das größte englischsprachige Theater Euro-
pas (außerhalb des Vereinigten Königreichs)
äußerst gut, es existiert bereits seit über 30 Jahren. Dramen, Komödien und Musicals werden
in ausschließlich englischer Sprache auf die Bühne gebracht, das deutsche und ausländische Publi-
kum zeigt sich zufrieden.

D2 English Theatre · Gallileo-Hochhaus
(Souterrain) · Gallusanlage 7 · TEL 069|24 23 16 20
www.english-theatre.org

Die Skyline gehört ganz und gar nicht dem Bahnhofsviertel allein, doch stehen einige der rund
30 Frankfurter Wolkenkratzer in seinem schicke-
ren Teil und drum herum, im nahen Westend, an
der Messe und in der Innenstadt, kurz: im Bankenviertel. Die meisten Hochhäuser haben (min-
destens) die Hundert-Meter-Marke geknackt.
Vom Messeturm bis zum Skytower der neuen
Europäischen Zentralbank gilt die himmelsstre-
bende Silhouette als erste Frankfurter Sehenswürdigkeit und liebstes Symbol der Bankenstadt.
Attraktiv bei Tag und vor allem bei Nacht. D2

WESTEND & BOCKENHEIM

Livingstonscher Pferdestall

DIE HIGHLIGHTS

1 IG-Farben-Haus E2
2 Palmengarten D2
3 Senckenbergmuseum C4
4 Frankfurter Messe C5

5 Westendsynagoge E3
6 Struwwelpeter D3
7 Kettenhofweg D4
8 Grüneburgpark E1
9 Ökotest & Satiremagazin Titanic A3
10 Sigmund-Freud-Institut E3

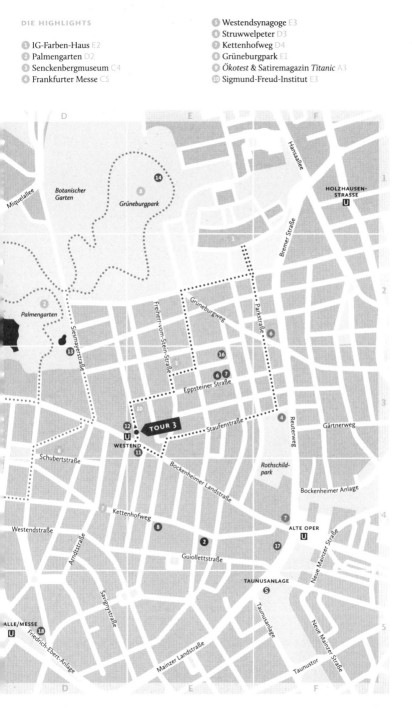

WESTEND & BOCKENHEIM

Karte III

WESTEND & BOCKENHEIM

Grüne Vielfalt entdecken

Besuch im Palmengarten

Zwischen dem zur Grafschaft Hanau gehörenden Dorf Bockenheim und dem Frankfurter Stadtwall lagen viele Jahrhunderte lediglich Gärten, bis betuchte, vor allem evangelisch-reformierte und jüdische Bürger ihre Landhäuser entlang der Bockenheimer Landstraße errichten ließen. Bockenheim wurde 1819 Stadt und als solche 1895 nach Frankfurt eingemeindet. Im Quartier dazwischen entstanden Villen, Mehrfamilienhäuser und 1914 die Universität. Viele Gelehrte bewohn(t)en das Westend. Am Institut für Sozialforschung unterrichteten Adorno und Horkheimer. Alexander Mitscherlich leitete das Sigmund-Freud-Institut in den Sechzigerjahren. Als Spekulanten die alte Bausubstanz zum Abriss freigaben, begann im Westend der Häuserkampf: 1970 fand die erste Hausbesetzung in der Eppsteiner Straße 47 statt, Startschuss auch für die Studentenrevolte. Heute ist das Westend wieder eine feine Gegend, die mit dem Campus nun im Poelzig-Bau eine der schönsten Universitäten Deutschlands besitzt.

Adolph Freiherr von Knigge, Theodor W. Adorno, Max Horkheimer, Walter Benjamin, Elias Canetti, Erich Fromm, Clara Schumann, Marie Luise Kaschnitz, Alois Alzheimer, Wilhelm Genazino, Hannelore Elsner, Sven Väth. Der Arzt und Psychiater Heinrich Hoffmann (1809–1894) leitete die *Anstalt für Irre und Epileptische* im Grüneburgpark. Seinem dreijährigen Sohn Carl Philipp legte er zu Weihnachten 1845 ein selbst verfasstes Kinderbuch unter den Weihnachtsbaum: den Struwwelpeter.

JUN Rosen- und Lichterfest Palmengarten
JUL/AUG Freilichtaufführungen der Dramatischen Bühne im Grüneburgpark
SEPT Leipziger Straßenfest · mehrere Bühnen mit Livemusik

WESTEND & BOCKENHEIM
Die Highlights

❶ IG-FARBEN-HAUS

Mehr als 2000 Fenster kann man am monumentalen IG-Farben-Haus zählen, das im östlichen Teil des Grüneburgparks seine solitäre Stellung behauptet und als Firmensitz der IG Farben nach Plänen von Hans Poelzig 1929–1931 errichtet wurde. In den sechs Querbauten rattern die Paternoster. Die Geschichte des Chemiekonzerns IG-Farben, der Auschwitz-Birkenau ausbaute und das Gas Zyklon B mitproduzierte, ist mehr als unrühmlich. Der Firmensitz, lange das größte Bürogebäude Deutschlands, wurde ab 1945 amerikanisches Hauptquartier, seit 2001 sind hier die Geisteswissenschaften der Goethe-Universität untergebracht, samt Fritz-Bauer-Institut, das nationalsozialistische Massenverbrechen erforscht.
E2 IG-Farben-Haus mit Café Rotunde
Grüneburgplatz

❷ PALMENGARTEN

Französische Kindermädchen führen hier den Westend-Nachwuchs spazieren und manchmal ist auch die Rollatordichte ziemlich hoch. Doch findet jeder sein Eckchen im Palmengarten: ob auf einer Liege unter freiem Himmel oder im Tropicarium, wo man in aller Ruhe Kakteen und fleischfressende Pflanzen bestaunen kann. Die herzögliche Pflanzensammlung aus Biebrich stellte 1868 den Grundstock für den Frankfurter Palmengarten, der durch den Kunstgärtner Heinrich Siesmayer angelegt wurde. Beim Lichter- und Rosenfest ist der Besuch besonders schön. Dann werden Tausende von Teelichtern auf den Wiesen aufgestellt.
D2 Palmengarten · Haupteingang Siesmayerstraße 61 · Seiteneingang Palmengartenstraße 11
TEL 069|21 33 39 39 · www.palmengarten.de
FEB–OKT tgl. 9–18 Uhr · NOV–JAN tgl. 9–16 Uhr

❸ SENCKENBERGMUSEUM

Dinosaurier sind zwar längst ausgestorben, dennoch kann man sie in Frankfurt geradezu lebensecht bestaunen, manch einem jagen sie dabei einen richtigen Schrecken ein. Jedes Kind kennt deshalb das Senckenbergmuseum, das das meistbesuchte Museum Frankfurts ist, (fast) jeder Erwachsene hat es in guter Erinnerung. Auch Spinnen und eingelegte Embryonen, tote, ausgestopfte Tiere lassen die Besucher erschauern, nicht ohne dabei viel Wissenswertes über das Leben auf der Erde zu vermitteln. Selbst für die Drei- bis Vierjährigen wurde eine eigene Erkundungstour konzipiert.
C4 Senckenberg Forschungsinstitut und Naturmuseum · Senckenberganlage 25 · TEL 069|754 20
www.senckenberg.de · Mo–Fr 9–17 Uhr
Mi 9–20 Uhr · Sa, So 9–18 Uhr

❹ FRANKFURTER MESSE

Geografisch günstig gelegen, hat sich Frankfurt früh zu einem wichtigen Handels- und Warenumschlagplatz entwickelt. Zunächst fand die Messe zweimal jährlich in der Altstadt statt, heute werden über 30 verschiedene Themenmessen in den Hallen nördlich des Hauptbahnhofs veranstaltet: Bücher, Autos, Textilien, alle haben ihre Zeit. Wahrzeichen ist der Messeturm von Helmut Jahn mit *Hammering Man* von Jonathan Borofsky und altehrwürdiger Festhalle zu seinen Füßen. Das sogenannte Torhaus von Oswald Mathias Ungers, auch als Guillotine bezeichnet, bekrönt den S-Bahnhof.
C5 Messeturm · Ludwig-Erhard-Anlage 49
www.messeturm.com

SEHENSWÜRDIGKEITEN

❶ Bockenheimer Warte C3
1434/35 erbaut, Wachturm an einer der wichtigen Frankfurter Ausfallstraßen, zur Früherkennung und Abwehr von Angriffen, heute markanter Treffpunkt.

❷ Livingstonscher Pferdestall E4
Ulmenstraße 20/Ecke Kettenhofweg · *historische Kutschenremise und Pferdestall mit Arkaden und Uhrtürmchen von um 1880.*

PARKS · PLÄTZE · GÄRTEN

❸ Kurfürstenplatz B3
Axial angelegter ehemaliger Mittelpunkt der Stadt Bockenheim · mit Sandsteinbrunnen und Obelisk.

❹ Theoder-W.-Adorno-Platz C4
Varrentrappstraße/Ecke Robert-Mayer-Straße
Denkmal des russischen Künstlers Vadim Zakharov zum Andenken an den Universitätsprofessor Adorno.

RESTAURANTS

❶ Bio Gourmet Box · Am Weingarten 12 B2
TEL 069|66 05 57 36 · Mo–Fr 11.45–16 Uhr · €
Vollwertiger, vegetarischer Mittagstisch, alles hausgemacht.

❷ Ponte · Am Weingarten 5 B2
TEL 069|24 70 40 41
www.restaurant-ponte-frankfurt.de
Mo–Fr 12–14.30 Uhr · Mo–So 18–24 Uhr · €€
Französische Tapas, köstlich!

❸ Arche Nova A3
Café, Restaurant im Ökohaus Arche · Kasseler Straße 1 · TEL 069|707 58 59 · www.arche-nova.de
Mo–Sa 12–1 Uhr · So 12–18 Uhr · € · *Unter baubiologischen Gesichtspunkten 1992 errichtet, viel Glas, Holz & Grün, über 30 Mieter, darunter taz- und Ökotest-Redaktion. Täglich wechselndes Mittagsbüffet.*

❹ Bockenheimer Weinkontor B3
Schloßstraße 92 (Hinterhaus) · TEL 069|70 20 31
www.bockenheimer-weinkontor.de · tgl. ab 19 Uhr
€ · *Institution in einer ehemaligen Schmiede, internationale Weine, kleine Speisen.*

❺ Pielok · Jordanstraße 3 C3
TEL 069|49 69 77 64 68 · www.restaurant-pielok.de
Mo–Fr 11.30–15, 17.30–24 Uhr · Sa 17.30–24 Uhr · €
Gutbürgerliches Traditionslokal, Hausmannskost.

❻ Petersen Gutes Essen E3
Eppsteiner Straße 26 · TEL 069|71 71 35 36
www.petersen-gutes-essen.de · Mo–Fr 9–19 Uhr
Sa 9–15 Uhr · € · *Mittagstisch, Käse, Weine.*

❼ Eppsteiner Eck · Eppsteiner Straße 26 E3
TEL 069|49 87 03 · € · *Gutbürgerlich, Biergarten, ehemals Treff der Sponti-Szene und Mitglieder der RAF.*

❽ Mama Kim · Kettenhofweg 61 E4
TEL 069|71 37 58 00 · www.mama-kim.de
Mo 12–15 Uhr · Di–Fr 12–15 Uhr und 18–23 Uhr
Sa 18–23 Uhr · *Medizin für Körper und Seele in Form von koreanischen Köstlichkeiten.*

CAFÉS

❾ Café Plazz · Kirchplatz 8 A2
TEL 069|877 48 27 · www.plazzcafe.de · tgl. ab
9 Uhr · *Eng, aber gemütlich, Freisitz auf dem Kirchplatz, beliebt zum Frühstücken, Mango-Lassi.*

❿ Café Crumble · Kiesstraße 41 C3
TEL 069|71 58 87 38 · www.cafecrumble.de
Mo–Fr 8–20 Uhr · Sa, So 9–20 Uhr · *Kaffeehausatmosphäre, schönster Sommergarten Bockenheims*

⓫ Café Laumer E3
Bockenheimer Landstraße 67 · TEL 069|72 79 12
www.cafelaumer.de · tgl. 7–19 Uhr · *Seit 1919. Hier trafen sich schon Erich Fromm, Adorno & Co zum »Kränzchen«.*

⓬ Maison du Pain E3
Bockenheimer Landstraße 66 · auch Filialen in Oeder Weg und Schweizer Straße
TEL 069|24 70 69 30 · www.lamaisondupain.de
Mo–Fr 7.30–20 Uhr · Sa, So 8–20 Uhr

⓭ Café Siesmayer · Siesmayerstraße 59 D3
www.palmengarten-gastronomie.de
TEL 069|90 02 90 · tgl. 8–20 Uhr · *Patisserie vom Feinsten, v.a. bei Senioren beliebter Mittagstisch.*

⓮ Park-Café im Grüneburgpark E1
August-Siebert-Straße · TEL 069|59 89 69
www.park-cafe.net · im Sommer und bei schönem Wetter tgl. 11–21 Uhr · *Torten, kleine Speisen.*

❶ Frauenbetriebe design E5
Leipziger Straße 5 · TEL 069|707 31 83
www.frauenbetriebe-design.de · Mo–Fr 10–19 Uhr
Sa 10–16 Uhr · *Ausgefallene, moderne und klassische
Kleidung, Accessoires und Schmuck.*

❷ Buchhandlung Eselsohr B2
Am Weingarten 11 · TEL 069|70 68 11
www.buchhandlung-eselsohr.de
Mo–Fr 10–19 Uhr · Sa 10–14 Uhr · *Kinder-
und Jugendbücher, Spiele.*

❸ Kaffeerösterei Wissmüller B2
Leipziger Straße 39 (Hinterhaus)
TEL 069|77 18 81 · Mo–Fr 8–18.30 Uhr
Sa 9–15 Uhr · *Zeitreise in die Vergangenheit, seit
1948 Kaffeeverkauf direkt in der kleinen Rösterei.*

❹ Karl-Marx-Buchhandlung C3
Jordanstraße 11 · TEL 069|77 88 07
www.karl-marx-buchhandlung.de
Mo–Fr 9–18.30 Uhr · Sa 10–14 Uhr · *Gegründet
1970 von Joschka Fischer, Daniel Cohn-Bendit u.a.*

❺ Hessenshop · Leipziger Straße 49 B2
TEL 069|91 31 81 49 · Mo–Fr 10–19 Uhr
Sa 10–18 Uhr · *Hessische Originale.*

❻ Autorenbuchhandlung F2
Grüneburgweg 76 · TEL 069|72 29 72
www.autorenbuchhandlung-marx.de · *Seit 1979,
Bücher abseits des Mainstream.*

❼ manufactum F4
Bockenheimer Anlage 49–50 (im Sockel des
OpernTurms) · TEL 069|976 93 13 99
www.manufactum.de · Mo–Sa 10–20 Uhr

❽ Wochenmarkt C3
an der Bockenheimer Warte · Do 8–18 Uhr

⓯ Celcius · Leipziger Straße 69 (im Hof) B2
TEL 069|707 28 90 · www.celsiusbar.de
tgl. ab 18.30 Uhr · *Cocktails & Co.*

⓰ Café Bar Taboo · Unterlindau 69 E3
TEL 069|97 20 36 61 · tgl. 10.30–0.30 Uhr
Mittagstisch, Snacks, Drinks.

⓱ Kameha Suite · Taunusanlage 20 F4
TEL 069|480 03 70 · www.kamehasuite.com
Di–Sa 18–2 Uhr · *Restaurant, Lounge, Bar.
After-Work-Erlebnisgastronomie, mittags:
Quick-Lunch.*

⓲ Jimmy's Bar · Hotel Hessischer Hof D5
Friedrich-Ebert-Anlage 40 · TEL 069|75 40 29 61
www.hessischer-hof.de · tgl. 20–4 Uhr · *Klassische Hotelbar, Piano & warme Küche bis 3 Uhr.*

❶ Bockenheimer Depot C3
Carlo-Schmid-Platz 1 · TEL 069|21 23 72 78
*Das ehemalige Straßenbahndepot wird als Depen-
dance des Schauspiel Frankfurt und für Messen
und Veranstaltungen genutzt.*

❷ Freies Schauspiel Ensemble im Titania B2
Basaltstraße 23 · TEL 069|71 91 30 20
www.freiesschauspiel.de · *Anspruchsvolle
Inszenierungen, internationale Kooperationen.*

❸ Orfeo's Erben · Hamburger Allee 45 B4
TEL 069|70 76 91 00 · www.orfeos.de
Programmkino und Restaurant.

❹ Instituto Cervantes · Staufenstraße 1 F3
TEL 069|71 37 49 70 · www.frankfurt.cervantes.es
*ehemaliges Amerikahaus, Spanisch-Sprachkurse,
Lesungen, Kino, Bibliothek.*

❺ Festhalle · Ludwig-Erhard-Anlage 1 C5
Hier finden die Konzerte der großen Stars statt.

Bockenheim: Dorf, Stadt, Uni

4,5 km | 70 min

Zum Kirchplatz, dem alten Dorfmittelpunkt, geht's zunächst auf die Leipziger Straße mit ihren sehenswerten Hinterhöfen. Wir machen einen Schlenker über Weingarten und Wurmbachstraße zur Markuskirche und weiter mit Falk-, Basalt- zur Grempstraße. Das steinerne Grempsche Haus, 1582–1593 errichtet, gehörte zu einem Adelshof; aus dem 18. Jahrhundert stammt die Jakobskirche. Zum einstigen Zentrum der Stadt Bockenheim schlendern wir weiter durch alte Gassen und über den Hülya-Platz am Tibethaus vorbei. Der Kurfürstenplatz ❸ mit großem Brunnen und Obelisk ist ein Symbol für das frühere städtische Bewusstsein. Wir folgen der Blickachse über die Schloßstraße zum Westbahnhof und legen eine Kaffeepause im von außen wie innen begrünten Öko-Haus Arche ❸ ein. Mit Hamburger Allee und Varrentrappstraße erreichen wir das Adorno-Denkmal ❹ und durch das alte Uni-Viertel hindurch wieder die Bockenheimer Warte ❶.

Tulpenpracht im Palmengarten

Der Natur auf der Spur

3,5 km | 50 min

Ein Drittel des Westends ist grün; kein Wunder bei einer ehemaligen Gartenvorstadt. Auf Entdeckungsreise in die Welt der Pflanzen und Tiere begeben wir uns zunächst in die altehrwürdigen Museumsräume des Senckenberg Instituts ❸ und bestaunen tote Spinnen, Dinosaurier (auch der Pflanzenwelt) und anderes ausgestopftes Getier. Danach geht es, am Café Siesmayer ⓭ und prächtigen Villen vorbei, sowohl zum sehenswerten Haupteingang des Palmengartens ❷ als auch in die Weiten des Grüneburgparks ❻. Zwischen den beiden liegt ein Botanischer Garten mit 5 000 Pflanzenarten. Im *Grüni* lohnt der Koreanische Garten samt Park-Café ⓮. Im Palmengarten locken tropische Gewächshäuser (kostenpflichtig), die Kleinen erfreut die Bimmelbahn und eine Bootsfahrt auf dem See. Durch den Seitenausgang in der Palmengartenstraße kehren wir zurück zur Senckenberganlage.

Der Messeturm mit dem Torhaus

Jüdisches Westend

2,5 km | 40 min

Nach Auflösung der Judengasse im Osten der Stadt, entwickelte sich das Westend im 19. Jahrhundert zum beliebten Wohnort der Oberschicht, darunter viele Juden. Und nach dem Zweiten Weltkrieg hat sich das wieder erstarkende jüdische Leben hier zentriert. Von der U-Bahnstation Westend laufen wir – am Sigmund-Freud-Institut ⓾ in der Myliusstraße vorbei – zur Westendsynagoge ❺, heute das einzige verbliebene jüdische Gotteshaus in Frankfurt. Um die Ecke, in der Liebigstraße 27, wurde im Jahr 1900 der Weltbestsellerautor Erich Fromm geboren. Eindrucksvoll liegt das IG-Farben-Haus ❶ im einstigen Landsitz der Bankiersfamilie Rothschild, eine Pause im Café Rotunde und die Besichtigung (Infotafeln im Erdgeschoss) bieten sich an. Durch Wohnstraßen spazieren wir zu einem weiteren Park der Familie Rothschild hinter dem Instituto Cervantes (Eingang in der Oberlindau) ❹. Auf der Staufenstraße geht es zurück zur U-Bahnstation Westend.

Bockenheimer Depot

Als einzige von acht Frankfurter Synagogen hielt
die Westendsynagoge der Reichskristallnacht
stand, wenn auch schwer beschädigt. Die assy-
risch-ägyptische Innenausstattung von 1910
musste gründlich erneuert werden. Heute wird
das Gotteshaus als Zentrum des Frankfurter
Gemeindelebens genutzt und ist innerhalb von
lohnenswerten Führungen vier Mal im Jahr zu
besichtigen. Bemerkenswerterweise ist der Ge-
betsraum mit einer Orgel ausgestattet, was auf
seine frühere Nutzung durch die liberalen Reform-
juden verweist.

E3 Westendsynagoge · Freiherr-vom-Stein-
Straße 30 · TEL 069|76 80 36 42 · Sabbat-Gottes-
dienste Fr abend und Sa morgen

⑥ STRUWWELPETER

Struwwelpeter ist ein echter Frankfurter, genauso wie sein Erfinder Heinrich Hoffmann, der erst
in Sachsenhausen Armenarzt, dann Anatom am
Senckenbergischen Institut war. 1844 legte er
seinem dreijährigen Sohn den eigens verfassten
Struwwelpeter unter den Weihnachtsbaum. Zwei
Jahre später kam das neuartige Kinderbuch ge-
druckt auf den Markt – und ist bis heute ein Best-
seller geblieben. Sein Erfinder leitete später die
Anstalt für Irre und Epileptische im Grüneburgpark,
wo er sich (zusammen mit Alois Alzheimer) der Er-
forschung psychiatrischer Krankheiten widmete.

D3 Struwwelpeter-Museum · Heinrich-Hoffmann-
Museum · Schubertstraße 20 · TEL 069|74 79 69
www.struwwelpetermuseum.de · Di–So 10–17 Uhr

⑦ KETTENHOFWEG

Er führt einmal quer durch das südliche Westend
und war und ist eine illustre Adresse. Adolph Freiherr von Knigge schrieb hier, hoch verschuldet
vom Hanauer Hofe geflohen, in einem Garten-
häuschen an seinem *Knigge*. Wilhelm Busch lebte
und arbeitete in der Nummer 44 (nicht erhalten),
genauso wie Gustave Courbet, der von Frankfurter Künstlern eingeladen worden war und eine
Malerschule gründete. Adorno bezog nach Krieg
und Exil eine Wohnung in der Nummer 123. High-
light aber ist die Kutschenremise eines Herrn
Livingston an der Ecke zur Ulmenstraße, neuerdings Sitz des Frankfurter PresseClubs. D4

⑧ GRÜNEBURGPARK

Obstwiesen der Familie Goethe und die Grüne-
burg als Treffpunkt der illustren Frankfurter
Gesellschaft um die Familien Bethmann, Metzler
und Rothschild. Das alles war einmal. Inzwischen
wird der größte und schönste englische Garten
Frankfurts von der Allgemeinheit genutzt. Die
Studierenden vom benachbarten Campus kommen zum Lesen. Mit Kinderwagen, angeleintem
Hund oder Drachen in den Lüften findet man
hier ebenfalls sein Revier. Seit 2005 gibt es zudem
einen Koreanischen Garten mit Café. E1

⑨ ÖKOTEST & SATIREMAGAZIN TITANIC

Ökotest, die *taz, Titanic* – der linke Geist weht aus
Bockenheim. Alle drei Blätter haben ihre (Frank-
furter) Redaktionen hier, die ersten beiden im
Ökohaus; das Satiremagazin, 1979 in Frankfurt
gegründet, laboriert seit jeher in der Sophienstra-
ße. Seiner Redaktion gehör(t)en viele bekannte
Herren an, die intelligente Witzigkeit garantie-
ren, darunter Achim Frenz, Robert Gernhardt,
Max Goldt, Achim Greser, Eckhard Henscheid,
Gerhard Henschel, Heribert Lenz, Walter Moers,
Bernd Pfarr, Chlodwig Poth, Oliver Maria Schmitt,
Michael Sowa, F. K. Waechter und und und. A3

⑩ SIGMUND-FREUD-INSTITUT

Die deutsche Psychoanalyse hat im Frankfurter
Westend ihr Zuhause. 1959 von Alexander Mitscherlich gegründet, seit 1964 im blaugekachelten
Bau in der Myliusstraße, wo Kindern, Jugendli-
chen und Erwachsenen geholfen wird, sich selbst
(und andere) besser zu verstehen. Außerdem wird
hier geforscht: über die Struktur und Dynamik
des Unbewussten beispielsweise. Und Analytiker
werden ausgebildet. Als Universitätsprofessor
hat Mitscherlich darüber hinaus die Einrichtung
eines Psychoanalyselehrstuhls für die Sozial- und
Geisteswissenschaften durchgesetzt.

E3 Sigmund-Freud-Institut · Myliusstraße 20
(wegen Umbau z. Zt. in der Mertonstraße)
www.sfi-frankfurt.de

עַל מִשְׁכְּבוֹתָם הָלְךְ נִכְחוֹ ׃

NORDEND & BORNHEIM

Wohnen, Plauschen, Feiern

Beliebt im Sommer: der Spielbrunnen im Günthersburgpark

HISTORISCHES

Wo beginnt das Nordend und wo Bornheim? Selbst die Bewohner können die ineinander verwachsenen Stadtteile oft nur schwer von einander unterscheiden, obwohl das Nordend um ein Vielfaches größer ist als das wiederum viel ältere Bornheim. Wichtigstes Bindeglied ist die knapp drei Kilometer lange Berger Straße, einst eine Pappelallee, die bis zur Wiesenstraße im Nordend verläuft, danach aber zu Bornheim gehört, das schon im 12. Jahrhundert urkundlich erwähnt wurde und seit 1877 ein Stadtteil von Frankfurt ist. Die dichte Gründerzeitbebauung des Nordends entstand nach der Eingemeindung auf der Heide zwischen dem ehemaligen Dorf und den gepflegten städtischen Wallanlagen. Wo einst Schlachten geschlagen wurden, wollen heute alle wohnen; das Nordend zählt die meisten Einwohner in Frankfurt, auch ist die Geburtenrate überdurchschnittlich hoch. Der Hauptfriedhof und die Parkanlagen sorgen für reichlich Auslauf im Grünen.

BEKANNTE BEWOHNER

Joschka Fischer, Stefanie Zweig, Matthias Altenburg alias Jan Seghers, Nadine Angerer und Robert Gernhardt (1937–2006). Der Lyriker, Zeichner und Humorist war einer der Mitbegründer der *Neuen Frankfurter Schule*, die ihre Bilder und Texte erst in der Zeitschrift *Pardon*, dann in der *Titanic* publizierten.

EVENTS IM STADTTEIL

MAI/SEPT Dippemess · Volksfest
An der Eissporthalle
Oberer Günthersburgpark
JUL/AUG Stoffel · Stalburg Theater offen Luft
AUG Unteres Bergstraßenfest zum
Monatsanfang
Bremer Kerb am zweiten Wochenende
Rödlinstraßenfest

NORDEND & BORNHEIM

DIE HIGHLIGHTS

1. Berger Straße E2
2. Bethmannpark C4
3. Holzhausenschlösschen A2
4. Hauptfriedhof B1

5. Wohnungen von Ernst May F2
6. Kino *Mal seh'n* B3
7. Oeder Weg A3
8. Alt-Bornheim E1
9. Günthersburgpark D2
10. Friedberger Markt C3

TOUR 3

Zoologischer Garten

ZOO

HABSBURGERALLEE

PARLAMENTSPLATZ

EISSPORTHALLE/
FESTPLATZ

HÖHENSTRASSE

BORNHEIM
MITTE

Röderbergweg

Rhönstraße

Habsburgerallee

Waldschmidtstraße

Sandweg

Bornheimer Landwehr

Wittelsbacherallee

Arnsburger Straße

Saalburgstraße

Löwengasse

Alt-Bornheim

Berger Straße

Neebstraße

Im Prüfling

Burgstraße

Rohrbachstraße

Günthersburgpark

Am Tiergarten

NORDEND & BORNHEIM

Der Bornheimer Hang ist die citynaheste der 23 Ernst-May-Siedlungen. In Ginnheim, Niederrad und Heddernheim etwa gibt es weitere. In der Römerstadt ist das Ernst-May-Haus in Burgfeld 136 auch von innen zu besichtigen. Wieder original eingerichtet, ist es natürlich mit der berühmten *Frankfurter Küche* von Margarete Schütte-Lihotzky ausgestattet, die in alle Apartments des *Neuen Frankfurt* eingebaut wurde und den Frauen die Arbeit im Haushalt bedeutend erleichterte. In Bornheim beeindruckt das Gesamtensemble aus Heilig-Geist-Kirche, Hallgartenschule und den vielen vielen Wohnungen. F2

⑥ KINO MAL SEH'N

Bei seiner Eröffnung Anfang der Achtzigerjahre war das *Mal seh'n* das einzige Programmkino in Frankfurt. Inzwischen sind zum Glück noch ein paar dazu gekommen, die Filme in Originalfassung mit Untertiteln zeigen und besondere Reihen der Filmkunst widmen. Das *Mal seh'n* ist trotzdem etwas Besonderes geblieben, allein durch die gemütliche Kneipe, *Café Filmriss* genannt, die vor und nach den Vorstellungen zum Bleiben einlädt, und die samtrote Bestuhlung im Vorführraum mit den gut 80 Sitzplätzen.
B3 Kino *Mal seh'n* · Adlerflychtstraße 6
TEL 069|597 08 45 · www.malsehnkino.de

⑦ OEDER WEG

Einst in die *Öd* führend, wo sich Fuchs und Has' Gute Nacht sagten und Hölderlin seiner Susette heimlich Liebesbriefe durchs Gebüsch steckte. Heute alles andere als öd: ein bunter Reigen edler Boutiquen, spezialisierter Fachgeschäfte, origineller Cafés und internationaler Gaststätten; für viele die schönste Einkaufsstraße der Stadt! Im ehemaligen Volksbildungsheim, das als Theater am Turm mit Rainer Werner Faßbinder Kulturgeschichte geschrieben hat, ist inzwischen das Kino Metropolis eingezogen. A3

Enge Gassen, Fachwerkhäuser und im Sommer Partyzone: Bornheim war und ist ein *lustiges Dorf*, in das man abends gerne einen Ausflug macht. Die Berger Straße wird nach dem Fünffingerplätzchen richtig schmal, dennoch bieten Tische und Bänke vor den vielen Bars und Lokalen genügend Platz für alle Nachtschwärmer. Im schmucken, ehemaligen Dorfrathaus ist seit Jahrhunderten die beliebte Gaststätte *Zur Sonne* ⑥ zu Hause. Riesling und Apfelwein fließen hier zu Tafelspitz mit Grüner Soße, *Himmel und Erde* und anderen Frankfurter Spezialitäten. E1

Laufen, Liegen, Grillen, Chillen, fast alles ist im Gunni erlaubt – nur Hunde haben keinen Zutritt! Besonders beliebt bei den Kleinen: die riesige Wasserspielanlage, in der man nach Herzenslust spritzen und planschen darf. Die Großen lieben das Sommercafé und das Stoffel-Open-Air, das vom Stalburg Theater ③ alljährlich über mehrere Wochen im oberen Teil des Parks veranstaltet wird. Seit 1892 ist der Günthersburgpark für die Bevölkerung zugänglich, zuvor gehörte er zum privaten Anwesen von Mayer Carl von Rothschild, der ihn mit seinem Tod jedoch der Stadt vermacht hat. Der ehemalige Privatpark wurde zum Volkspark völlig umgestaltet.
D2 Günthersburgpark · Günthersburgallee 98

Längst zu einer Ausgehinstitution ist der Wochenmarkt am Friedberger Platz geworden. Um eine Handvoll Delikatessenstände, die sich jeden Freitag von 14 bis 20 Uhr auf dem kleinen Platz aufreihen dürfen, gesellen sich Hunderte von Besuchern aus Nah und Fern, um den Wochenausklang mit Bier vom Kiosk und vor allem reichlich Weißwein von den Winzerständen zu begießen. Zum Schutz der Anwohner ist neuerdings pünktlich Schluss, dann geht's weiter ins nahe *Moksha* ⑬ oder in eine der vielen Kneipen auf der Berger Straße.
C3 Wochenmarkt · Friedberger Platz · Fr 14–20 Uhr

OSTEND & OSTHAFEN

Erkundungen zwischen EZB und Eissporthalle

Zoo-Gesellschaftshaus am Alfred-Brehm-Platz bei Nacht

HISTORISCHES

Das Ostend ist ein besonderer Stadtteil, noch dazu im Wandel. Aus dem ehemaligen Arbeiterviertel, das um 1900 zwischen Bornheim, Nordend und Fechenheim erwuchs, und der *Industriestadt Osthafen* sind inzwischen In-Adressen geworden, an der Banker, Werber und Künstler Büros und Ateliers bezogen haben. Feste Größen sind Zoo, Mousonturm, Gref-Völsings und die Großmarkthalle. Letztere wird gerade zur Europäischen Zentralbank umgestaltet, in der Nähe hat sich schon die School of Finance angesiedelt. Urbane Einkaufs- und Ausgehmeile, auf der die Nächte durchgetanzt werden, ist die Hanauer Landstraße. Eine ganz andere Welt dagegen ist der Osthafen, Umschlagplatz für Container aus allen Herren Länder, und mitten drin: ein kleiner Badesee. Nicht die schlechteste Reminiszenz an das frühere Überschwemmungsgebiet der Mainauen!

BEKANNTE BEWOHNER

Daniel Cohn-Bendit und Bernhard Grzimek (1909–1987). Der Tierarzt, Tierfilmer, Verhaltensforscher, Frankfurter Zoodirektor und Autor der 13-bändigen Enzyklopädie *Grzimeks Tierleben* wurde 1960 für den Dokumentarfilm *Serengeti darf nicht sterben* mit dem Oscar ausgezeichnet.

EVENTS IM STADTTEIL

AUG Theaterfestival an der Weseler Werft
internationale Straßentheatergruppen
www.sommerwerft.de

GANZJÄHRIG Flohmarkt · Franzius- und
Lindleystraße · jeden zweiten Samstag
9–14 Uhr

OSTEND & OSTHAFEN

Karte V

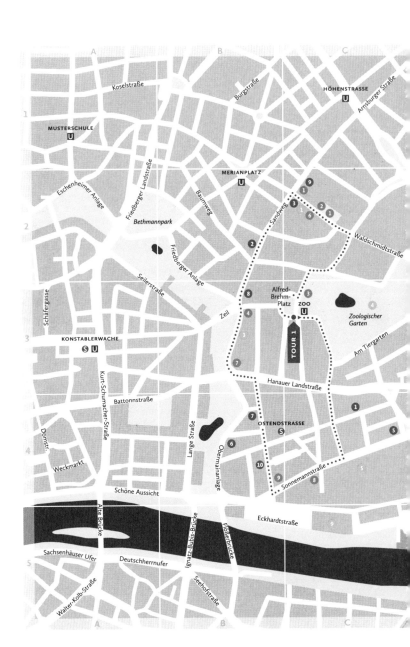

DIE HIGHLIGHTS

1 Mousonturm C2
2 Frankfurter Würstchen E4
3 Bunker Initiative 9. November B3
4 Wilde Tiere C3

5 Großmarkthalle · EZB C4
6 Dialogmuseum E4
7 Schwedlersee F4
8 Kulturbunker F4
9 Ruhrorter Werft C5
10 Ostpark F1

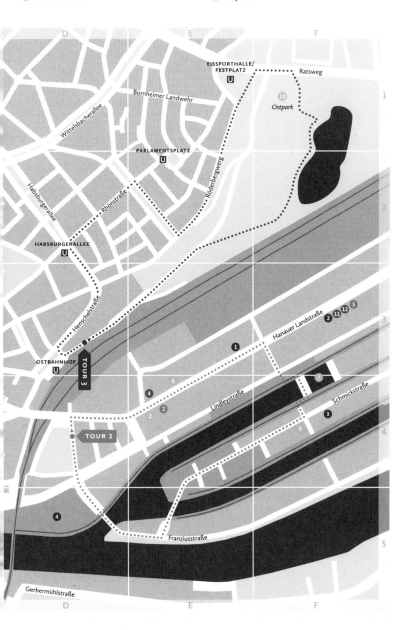

OSTEND & OSTHAFEN

Großmarkthalle (Detail)

Ein Museumsbesuch, bei dem das Auge einmal Pause hat und Ohren, Nase, Haut und Mund herausgefordert werden! Geleitet von blinden Museumsführern, geht es durch einen erlebnisreichen Themenparcours, der den Alltag der Nichtsehenden erlebbar macht. Doch kann das gut gehen, im Dunkeln Messer und Gabel zum Mund zu führen oder einfach nur die Straße zu überqueren? Das Ertasten, Erfühlen, Erriechen und Erschmecken des Alltags der Blinden birgt Risiken und Gefahren, aber auch eines der letzten Abenteuer unserer Zeit!

E4 Dialogmuseum · Hanauer Landstraße 137–145 TEL 069|904 32 10 · www.dialogmuseum.de Di–Fr 9–17 Uhr · Sa, So 11–19 Uhr · Erlebnisreise in die Welt der Blinden, z.B. beim *Taste of Darkness* (Essen in völliger Dunkelheit) Mi, Fr, Sa jeweils ab 19 Uhr · Reservierung unter TEL 069|90 43 21 44

Zwei Flüsse, zwei Häfen, ein Schlösschen im Weiher und unzählige Trinkhallen: Frankfurt ist eine Wasserstadt. Sogar einen Badesee gibt es, wenn er auch sehr klein, sehr versteckt und noch dazu quadratisch ist. Um so lauschiger ist der Aufenthalt dort. Hinein ins Wasser dürfen zwar nur die Mitglieder des 1. Frankfurter Schwimmclubs, gegründet 1891, doch von der überdachten Holzterrasse aus, gleich neben den historischen Umkleiden, darf auch der Gast an der Bar aufs Wasser schauen und am Feierabend bei einem Glas Apfeloder Traubenwein genießen.

F4 Schwedlersee & Schwimmclub Schwedler See Schwedlerweg · www.schwedlersee.de TEL 069|37 30 49 07 · SOMMER Di–Fr, So 12–1 Uhr Sa 16–1 Uhr · bei Konzerten erst ab 20 Uhr

Mitten im Osthafen steht noch ein Hochbunker aus Kriegstagen, zum Schutz der Hafenarbeiter erbaut. Im Inneren dürfen heute Musiker den Verstärker aufdrehen. In den Lofts darüber residieren in aller Ruhe Künstler in Ateliers, die von der Stadt Frankfurt gesponsert werden, zum Beispiel den Teilnehmern des Artist-in-Residenz-Programms. Ganz oben thront das Institut für Neue Medien (zu besichtigen bei der *Nacht der Museen* oder bei Vorträgen des Instituts). Nebenan sorgt *Die Insel*, eher unbeheizte Baracke mit Eintracht-Fanzone als Gasthaus, mit zünftigem Essen für das leibliche Wohl von Künstlern, Musikern und (vor allem) Fernfahrern.

F4 Kulturbunker · Schmickstraße 18 · www.inm.de

Der Name ist eine Reminiszenz ans Ruhrgebiet, genauer: an den großen Binnenhafen Duisburg-Ruhrort. Seit 1910 war auch die kleine Schwester in Frankfurt ein wichtiger Umschlagplatz für Kohle, 13 Kräne rollten hier am Ufer entlang. Während der nationalsozialistischen Diktatur wurden allerdings auch Juden in die Konzentrationslager deportiert. Heute saniert und poliert, mit immer noch zwei Kränen, wird die gepflegte Grünfläche am Wasser zum Beine-Baumeln-Lassen, Sonnenbaden und Skylinegucken genutzt. C5

Die Zeit der öffentlichen Parks hatte gerade begonnen, und Frankfurt wandelte das Sumpfgebiet östlich des Röderbergs zu einem englischen Garten mit weiten Wiesen und großem Weiher um. Grillen ist hier genauso erlaubt wie Fußballspielen oder Schlittschuhlaufen im Winter. Im Bürgergarten kann man sich an den Schaubeeten erfreuen, am Kiosk Eis und Getränke erwerben. Für Obdachlose ist in Containern eine Übernachtungsstätte eingerichtet. Auch die Komische Kunst hat es in den Ostpark geschafft, in Form eines Elfmeterpunkts auf einer elf Meter langen Erdachse von F.W. Bernstein. F1

SACHSENHAUSEN

An der Alten Brücke

DIE HIGHLIGHTS

1 Liebieghaus A4
2 Brückenstraße C4
3 Apfelwein · Alt-Sachsenhausen D3
4 Fraa Rauscher · Das Lied zum Apfelwein D3
5 Portikus D3
6 Telefonschafe B4
7 Schweizer Platz C4
8 Städel B4
9 Mainufer B3
10 Eiserner Steg C3

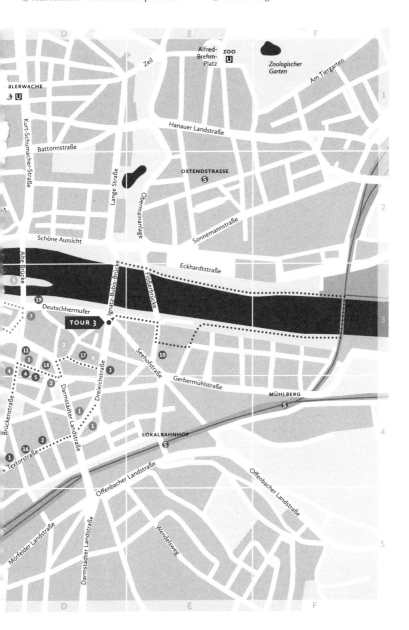

SACHSENHAUSEN

Karte VI

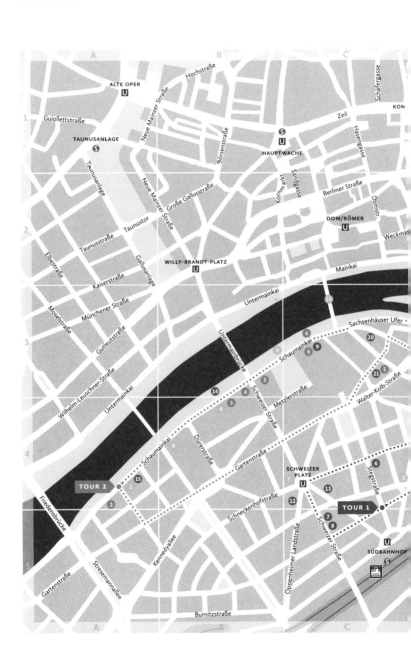

SACHSENHAUSEN

Kunst und Krempel direkt am Main

Mainufer mit Eisernem Steg und Commerzbank Tower

Sachsenhausen auf der südlichen Mainseite ist nicht nur der größte Frankfurter Stadtteil, sondern, dank des Apfelweins, auch der bekannteste. Gäste aus aller Welt kommen zum Schoppe trinken her, zum Shoppen auf dem Flohmarkt oder der Schweizer Straße und natürlich zum Museumsbesuch. Das ist einmalig: Neun hochkarätige Musentempel sind wie Perlen einer Kette am Mainufer aufgereiht; die alten Villen ergänzen sich dabei mit den modernen Anbauten sehens- und erlebenswert!

Alt-Sachsenhausen gehörte schon im 14. Jahrhundert offiziell zu Frankfurt und war damit in die Stadtbefestigung einbezogen. Vor allem Fischer, Gerber, Winzer und Gärtner wohnten in den engen Gassen. Der Deutsche Orden besaß seit 1221 einen wichtigen Stützpunkt an der Alten Brücke. Nach Westen erweiterte man sich im 18. und 19. Jahrhundert, als die Frankfurter Bürger ihre Landvillen ans südliche Flussufer verlegten. 1878 entstand mit dem Städelschen Kunstinstitut das erste Museum am Main.

Paul Hindemith, Gustave Courbet, Matthias Beltz, Michael Groß und Max Beckmann (1884–1950). Der expressionistische Maler und Grafiker gilt als einer der bedeutendsten Künstler des 20. Jahrhunderts. Ab 1925 lehrte er an der Städelschule, wurde zum Professor ernannt und 1933 von den Nazis entlassen.

JUN   Schweizer Straßenfest
AUG   Brunnenfest · Alt-Sachsenhausen, Paradiesplatz
       Museumsuferfest
GANZJÄHRIG Flohmarkt am Museumsufer
       jeden zweiten Samstag 9–14 Uhr

SACHSENHAUSEN
Die Highlights

1 LIEBIEGHAUS

Sehenswerte Skulpturensammlungen im Schlösschen am Main, ein kleiner Park und das idyllischste Café der Stadt – das Liebieghaus ist Geheimtipp und Lieblingsziel der Frankfurter zugleich und eines der schönsten Museen weltweit. 1896 als Wohnhaus für Baron Heinrich von Liebig errichtet, wurde der Galerieflügel schon 1909 eingeweiht. Heute darf man sonntags auch das Turmzimmer des Hausherrn bewundern. Der Parcours alter Plastik führt über Asien und Ägypten, vom *dunklen* Mittelalter bis zum rein-weißen Klassizismus von Danneckers *Ariadne auf dem Panter*.
A4 Liebieghaus Skulpturensammlung
Museum Alter Plastik · Schaumainkai 71
TEL 069 | 650 04 90 · www.liebieghaus.de
Di, Fr–So 10–18 Uhr · Mi, Do 10–21 Uhr

2 BRÜCKENSTRASSE

Galão, Kaviar oder einen guten Krimi? Wer in der Brückenstraße das Besondere sucht, der wird schnell fündig: ob im Casa de Portugal, beim Caviar-Brücke oder in der Krimibuchhandlung *Wendeltreppe*. Gegenüber in den Schauboxen der kleinen Designläden gibt es ganz unerwartete Entdeckungen zu machen, in den szenigen Kleidergeschäften, die *Ich war ein Dirndl* **4** oder *Lieblingsstücke* heißen und die Straße bekannt gemacht haben, sowieso. Beim Bäcker und beim Metzger trifft der Frankfurter Kreativ-Nachwuchs auf die alteingesessenen Stadtteilbewohner. C4

3 APFELWEIN · ALT-SACHSENHAUSEN

Der Kult um das Frankfurter *Nationalgetränk* wird nicht nur von Touristen und Zugereisten, sondern in ganz besonderem Maße von den Einheimischen gepflegt, die sich in *ihrer* Apfelweinkneipe zum *Schoppepetzen* treffen. Immer wieder war er verboten, während des Ersten Weltkriegs und während der Nazizeit, doch immer wieder hat sich der Ebbelwoi seinen Stammplatz im Leben der Frankfurter zurückerobert. Selbst keltert heute zwar kaum ein Wirt mehr, dennoch gibt es in Sachsenhausen die unterschiedlichsten Stöffche (aus dem Umland) zu probieren. D3

4 FRAA RAUSCHER · DAS LIED ZUM APFELWEIN

In Alt-Sachsenhausen geht es zuweilen rustikal zu. Gerne wird noch ein kleiner Unfall der Frau Rauscher besungen, der im 19. Jahrhundert stattgefunden haben muss: »Die Fraa Rauscher aus de Klappergass, die hot e Beul am Ei, ob's vom Rauscher, ob's vom Alde kimmt, des klärt die Polizei.« Die bekannte Marktfrau ziert seit 1961 in Bronze gegossen einen Sachsenhäuser Brunnen, von dem sie gezielt Touristen und andere Schaulustige mit Wasser bespuckt. Vorsicht also beim Vorbeigehen. Als *Rauscher* wird übrigens der junge, halbvergorene Apfelwein bezeichnet. D3

5 PORTIKUS

Junge Kunst mitten im Main: Die Kunsthalle Portikus hat die Mainseite gewechselt und teilt sich seit 2006 auf eindrucksvolle Weise die Maininsel mit einem Ruderclub. Der Name rührt vom weißen Säulenportikus der Schönen Aussicht her, hinter dem zuvor über sechzehn Jahre ein schlichter Container als Kunstraum diente (heute Literaturhaus). Stets wurde er, wie auch der neue Portikus, mit den Positionen junger internationaler Künstler bespielt, ausgewählt von einem Kuratorium um den Direktor der Städelschule (Hochschule für bildende Künste), dem das ganze Projekt untersteht.
D3 Kunsthalle Portikus · Alte Brücke 2
TEL 069 | 96 24 45 40 · www.portikus.de
Di–So 11–18 Uhr · Mi 11–20 Uhr · Eintritt frei

❶ Exenberger · Bruchstraße 14   D4
TEL 069|63 39 07 90 · Mo–Sa 11–23 Uhr
www.exenberger-frankfurt.de · € · *Moderne Interpretation von Apfelwein und Grüner Soße, alle Speisen auch zum Mitnehmen.*

❷ Apfelweinwirtschaft Zur Germania   D4
Textorstraße 16 · TEL 069|61 33 36
www.zur-germania.de · Di–Fr 16–24 Uhr
Sa, So 12–24 Uhr · € · *Verkauf von Bembeln, Schoppendeckeln und anderen nützlichen Accessoires.*

❸ Apfelweinwirtschaft Eichkatzerl   D3
Dreieichstraße 29 · TEL 069|61 74 80
www.eichkatzerl.de · Mo–Fr ab 17 Uhr
Sa, So ab 16 Uhr · € · *Für große Gruppen geeignet.*

❹ Apfelweinwirtschaft Fichtekränzi   D3
Wallstraße 5 · TEL 069|61 27 78 · tgl. ab 17 Uhr
www.fichtekraenzi.de · € · *Geschichtsträchtiges Lokal, neben den Frankfurter Spezialitäten stehen auch Austern und Thaisuppe auf der (Tages-)Karte.*

❿ The Cooking Ape und Manufaktur   E3
Café, Bar und Restaurant Colosseo · Walthervon-Cronberg-Platz 2–4 · TEL 069|26 95 28 40
www.the-cooking-ape.com · tgl. ab 10 Uhr · €
Alles hausgemacht: Kuchen, Patisserie und Bio-Eis. Im Sommer: Picknick-Körbe für die Siesta am Main.

⓫ Café Bar Die Brücke · Brückenstraße 19   D3
TEL 069|61 13 04 · Di–Fr 18–1 Uhr · Sa 9–1 Uhr
So 9–17 Uhr · *Gemütlich. Am Wochenende sensationelle Kuchenauswahl.*

⓬ 36 Grad · Oppenheimer Landstraße 36   C4
TEL 069|56 99 43 89 · www.36gradfrankfurt.de
tägl. 10–1 Uhr · *Freisitz am Schweizer Platz, ideal, um das bunte Treiben zu beobachten.*

⓭ Lesecafé und Buchhandlung   C4
Diesterwegstraße 7 · TEL 069|62 14 28
Mo–Fr 8.30–18 Uhr · Sa, So 10–18 Uhr · *Winter- und Sommergarten, ruhig, zum Lesen und ausführlichen Klönen bestens geeignet.*

❺ Gaststätte Atschel · Wallstraße 7   D4
TEL 069|61 92 01 · tgl. 12–24 Uhr · € · *Zum Bembel gibt's nicht nur Handkäs und Grüne Soße, sondern auch Forellen und Wildgerichte.*

❻ Naturkost Grünkern   C4
Bioladen und Bistro · Stegstraße 59
TEL 069|62 76 49 · www.gruenkern-naturkost.de
Mo–Fr 9–18.30 Uhr · Sa 9–13.30 Uhr · €
Vollwertige Speisen in gemütlichem Ambiente.

❼ Apfelweinwirtschaft Zum Gemalten Haus C5
Schweizer Straße 67 · TEL 069|61 45 59
www.zumgemaltenhaus.de · Di–So 10–24 Uhr · €
Weltberühmt, einheimische & internationale Gäste.

❽ Apfelwein Wagner · Schweizer Straße 71   C5
TEL 069|61 25 65 · www.apfelwein-wagner.com
tgl. 11–24 Uhr · € · *Hier wird der Kult um den Apfelwein besonders zelebriert.*

❾ Restaurant Emma Metzler   C3
Schaumainkai 17 (im Park des MAK)
TEL 069|61 99 59 06 · www.emma-metzler.com
Di–Sa 12–17.30, 19–24 Uhr · So 12–18 Uhr · €€€
Gehobene, hochwertige Küche, Bio-Fleisch, wechselnde Mittagsmenüs.

⓮ Maincafé · Schaumainkai 50   B3
TEL 069|66 16 97 13 · www.maincafe.net (mit aktuellem Wetter) · tgl. ab 10 Uhr · im Winter nur So ab 12 Uhr · *Tische, Bänke und Liegestühle direkt am Ufer, Ausschank aus dem Mainkai.*

⓯ Café im Liebieghaus · Schaumainkai 71   A4
TEL 069|63 58 14 · www.cafe-im-liebieghaus.de
Di–So 10–19 Uhr · *Hausgemachte Kuchen und Salate im Souterrain der Liebieg-Villa, windgeschützter, idyllischer Außenbereich mit Herkules.*

⓰ Clubkeller · Textorstraße 26   D4
TEL 069|66 37 26 97 · www.clubkeller.com
Di–Sa ab 21.30 Uhr · *Indie, Rock, Wave, Vinylabende.*

⓱ Ponyhof · Klappergasse 16   D3
TEL 069|97 76 74 08 · www.ponyhof-club.de
Konzerte und Diskos, jeweils ab 21 Uhr.

⓲ Alte Liebe · Bar & Club   D3
Fritschengässchen 5 · www.alteliebe.blogsport.eu
Di–So 19–1 Uhr (Fr, Sa nach Bedarf länger)
Übertragung aller Spiele der Eintracht Frankfurt, jeden Sonntag Tatort, Wohnzimmeratmosphäre.

⑲ Bootshaus Yachtklub D3
Deutschherrnufer/Alte Brücke
APR–SEPT tgl. ab 14 Uhr (bei schönem Wetter)

⑳ Dreikönigskeller · Färberstraße 71 C3
www.dreikoenigskeller.com
TEL 069|66 12 98 04 · *Livekonzerte, Disko- und
Kneipenabende, Rockabilly.*

㉑ Bar Oppenheimer C3
Oppenheimer Straße 41 · TEL 069|62 66 74
www.bar-oppenheimer.de · Mo–Do 20–2 Uhr
Fr, Sa 20–3 Uhr · *Bar-Klassiker, schön eng.*

KULTUR

❶ Kino Harmonie · Dreieichstraße 54 D4
TEL 069|66 37 18 36 · ww.arthouse-kinos.de

MUSEEN

❷ Museum Giersch A4
Museum regionaler Kunst · Schaumainkai 83
TEL 069|663 30 41 28 · www.museum-giersch.de
Di–Do 12–19 Uhr · Fr–So 10–18 Uhr · *Westlichster
Außenposten des Museumsufers in der Villa Holz-
mann von 1910, Stiftung des Ehepaars Giersch. Aus-
stellungen von Künstlern der Rhein-Main-Region.*

❸ Deutsches Architekturmuseum B4
Schaumainkai 43 · TEL 069|21 23 88 44
www.dam-online.de · Di–Sa 11–18 Uhr
Mi 11–20 Uhr · So 11–19 Uhr · *Von Oswald M.
Ungers 1984 mit Haus im Haus erbaut. Wechselnde
Ausstellungen.*

❹ Deutsches Filmmuseum B3
Schaumainkai 41 · TEL 069|961 22 02 20
www.deutsches-filmmuseum.de
Di–So 10–18 Uhr · Mi 10–20 Uhr
*Dauerausstellung zur Geschichte des Films,
Sonderschauen, Programmkino.*

❺ Museum der Weltkulturen B3
Schaumainkai 29–37 · TEL 069|21 24 51 15
www.weltkulturenmuseum.de · Di–So 10–17 Uhr
Mi 10–20 Uhr · *Ethnologische Sammlungen, expe-
rimentelle Vermittlung im Weltkulturen Labor.*

❻ Museum für Angewandte Kunst · MAK C3
Schaumainkai 17 · TEL 069|21 23 40 37
www.angewandtekunst-frankfurt.de
Di–So 10–17 Uhr · Mi 10–21 Uhr · *Möbel, Kunst-
handwerk & Design im weißen Bau von Richard
Meier, neben der Villa Metzler von 1803.*

❼ Ikonenmuseum D3
Brückenstraße 3–7 · TEL 069|21 23 62 62
www.ikonenmuseumfrankfurt.de
Di–So 10–17 Uhr · Mi 10–20 Uhr · *Von Oswald M.
Ungers neben der Deutschordenskirche errichtet.*

SHOPPING

❶ Buchhandlung Meichsner & Dennerlein D4
Dreieichstraße 59 · TEL 069|61 69 65
www.meichsnerund.de · Mo–Fr 9–19 Uhr
Sa 9–14 Uhr · *Für den täglichen Buchbedarf.*

❷ Bembel Maurer · Wallstraße 5 D4
TEL 069|61 63 40 · www.bembel-maurer.de
Mo–Fr 9–18 Uhr · Sa 9–13 Uhr · *Feines hessisches
Steinzeug und anderes nützliches Utensil rund um
den Ebbelwoi.*

❸ designe, kleine! D3
Wallstraße 26 (Eingang Brückenstraße)
www.designe-kleine.de · Mi–Fr 10.30–19.30 Uhr
Sa 10.30–17.30 Uhr · *Galerieladen, käufliche Objekte
von Designern der Region.*

❹ Ich war ein Dirndl D3
Brückenstraße 52 · TEL 069|66 12 77 44
www.ichwareindirndl.de · Mo–Fr 11–20 Uhr
Sa 11–17 Uhr · *Neue Mode aus alten Klamotten:
jedes Stück ein Unikat!*

❺ Kronjuwelen · Schulstraße 30 C3
TEL 069|27 17 53 58 · www.kronjuwelen.net
Di–Fr 12–19 Uhr · Sa 11–16 Uhr · *Autorenschmuck
für Ohr, Hals, Arm und Finger.*

MÄRKTE

❻ Flohmarkt C3
am Schaumainkai zwischen Holbeinsteg und
Eisernem Steg · jeden zweiten Samstag 9–14 Uhr

Von Kränzche zu Kränzche

2,5 km | 35 min

Schon in der Textorstraße reihen sich die Apfelweingaststätten dicht an dicht. In der Klappergass' gibt sich Frau Rauscher ④ persönlich die Ehre (Vorsicht, sie spuckt!), ansonsten viel Fachwerk, ehemalige Trinkbrunnen und weitere apfelhaltige Einkehrmöglichkeiten. In Wall- und Brückenstraße ② folgen mit *Fichtekränzi* ④ und *Atschel* ⑤ beliebte Eppelwoitränken, die Bembeltöpferei der lebenden Apfelwein-Legende Monika Maurer ② und szenige Klamottenläden. Außerdem: eine Whiskeyhandlung, liebenswerte Cafés und sogar ein Traubenweinlokal. Über den ehemaligen Friedhof, heute Grünanlage und Stadtteilspielplatz, geht es mit der ruhigen Gutzkowstraße an schönen Gründerzeithäusern und dem Naturkost-Bistro *Grünkern* ⑥ vorbei zum Schweizer Platz ⑦. Richtig schick wird es auf der Schweizer Straße. Trotzdem findet man auch hier zwei alteingesessene Apfelweinwirtschaften.

Apfel im Trottoir

Meterware Musentempel

3,2 km | 50 min

Am Schaumainkai entlangwandern und nach Belieben einkehren: ob in ein Museum nach dem anderen, in die vielen Museumcafés oder eine Etage tiefer am Wasser. Das Museumsufer ist das Vorzeige-Projekt der Actzger-/Neunzigerjahre. Es beginnt im Westen inzwischen mit Museum Giersch ②, gefolgt von Liebieghaus ①, Städel ⑨, Museum für Kommunikation ⑥, Deutschem Architektur- ③ und Filmmuseum ④. Im Osten gibt man sich im Museum der Weltkulturen ⑤ und dem Museum für Angewandte Kunst ⑥ die Klinke in die Hand. Ein Abstecher lohnt zum roten Portikus ⑧ auf der Maininsel und zum Ikonenmuseum ⑦ schon in der Brückenstraße ③. Zurück auf Los: vorbei an der Dreikönigskirche, dann mit der Gartenstraße – oder wahlweise auf der anderen Mainseite. Ganze sieben Brücken verbinden Sachsenhausen mit der Innenstadt. Nur den Fußgängern reserviert sind der Holbeinsteg am Städel und der altehrwürdige Eiserne Steg ⑩ zum Römerberg hin.

Das Städel von oben

Deutschherrnviertel und Europäische Zentralbank

2,2 km | 35 min

Am Frankensteiner Platz beginnt die östliche Tour entlang des Deutschherrnufers. Das gleichnamige Viertel mit dem rostroten Main Plaza Hotel ist auf dem ehemaligen Schlachthofgelände ab 1990 als toskanisch angehauchtes Quartier entstanden. Elegante Restaurants locken zum Verweilen. Direkt am Mainufer ⑨ ist vor allem nach Feierabend immer viel los. Auf der 1913 für die Eisenbahn vollendeten Deutschherrnbrücke aus Stahlfachwerk, die auch von Fußgängern überquert werden darf und neuerdings mit einer Klanginstallation aufwarten kann, ist der Skyline-Blick besonders toll. Auf der nördlichen Mainseite kommt man der denkmalgeschützten Großmarkthalle von Martin Elsaesser ganz nah, bald gigantischer Sitz der Europäischen Zentralbank, deren Skytower des Wiener Architekturbüros Coop Himmelb(l)au, zwei ineinander verschlungene Türme von 184 Metern Höhe, Frankfurts Silhouette im Osten markiert (vgl. Ostend). Über Ruhrorter und Weseler Werft geht es wieder zur Ignatz-Bubis-Brücke.

Telefonschafe

TELEFONSCHAFE

Im Museum für Kommunikation haben auch Tiere ein Zuhause: Die berühmten *Telefonschafe* von Jean-Luc Cornec sind zu Ikonen der Fernverbindung geworden, genauso wie das *Hummertelefon*, auch Teil der Sammlung, von Salvador Dalí. Abseits der grauen Herde hat sich übrigens auch ein schwarzes Schaf versteckt. Finden Sie es?

Die Geschichte der Kommunikation ist im ehemaligen Postmuseum ebenso Thema wie ihre lebendige Vielfalt. Unterm Dach wird gefunkt, immer wird zum Mitmachen eingeladen. Sehr empfehlenswert ist das Museumscafé.
B4 Museum für Kommunikation · Schaumainkai 53
TEL 069|606 00 · www.museumsstiftung.de
Di–Fr 9–18 Uhr · Sa, So 11–19 Uhr

SCHWEIZER PLATZ

Auf dem kreisrunden Platz bewegen sich zwar Autos und die Straßenbahn, dennoch kann man hier vom Cappuccino bis zum Sprizz den Tag in Ruhe wunderbar verdaddeln – am besten im Lesecafé ⑬ im Hinterhof um die Ecke oder im *36 Grad* ⑫ in der Oppenheimer Landstraße. Nach französischem Vorbild angelegt, teilt der Schweizer Platz nicht nur die Schweizer Straße in zwei gleiche Teile, ganze sieben sternförmig abgehende Straßen laden zur gemütlichen Weitererkundung des Viertels ein. C4

STÄDEL

Von beispielhaftem Bürgergeist zeugt das Städelsche Kunstinstitut, das längst auch die Städtische Galerie integriert. 1816 hatte der Gewürzhändler und Bankier Johann Friedrich Städel sein Vermögen und seine Bilder in eine Stiftung übertragen, um damit der Ausbildung von Malerinnen und Malern und der steten Erweiterung seiner Sammlung zu dienen. Schon 1878 zog das Städelsche Kunstinstitut aus Platzmangel von der Neuen Mainzer Straße an den Main. Mit unterirdischen Erweiterungen geht es derzeit in die Zukunft. Malerei aus 700 Jahrhunderten, von Botticelli, Beckmann, Bacon u.v.a.m. ist hier zu bestaunen.
B4 Städelmuseum · Schaumainkai 63
TEL 069|605 09 80 · www.staedelmuseum.de
Di–So 10–18 Uhr · Mi 10–21 Uhr

MAINUFER

Das südliche Mainufer ist die Freizeitmeile der Frankfurter: Es wird gejoggt, gewalkt, flaniert und gefaulenzt. Freiluft-Bars, die Vereinslokale der Ruderclubs und sogar ein Döner-Boot versorgen die vorbeiziehende Feierabendbevölkerung. Beliebt ist das Maincafé ⑭ zu Füßen des Museums für Kommunikation ⑥, etwas ganz Besonderes der Yachtklub ⑲ auf einem Boot unterhalb von Portikus ⑤ und Alter Brücke, wo Tapas zum Wein und regelmäßige Tanzveranstaltungen für die wahre Main-Lust sorgen. Einer der schönsten Orte Frankfurts! B3

EISERNER STEG

Als es immer noch nur die Alte Brücke als stets überlastete Verbindung zwischen südlichem und nördlichem Frankfurt gab, da nahmen einmal mehr die Bürger die Sache in die Hand und gründeten einen Verein zum Bau eines *eisernen* Fußgängerstegs. 1869 eingeweiht, 1922 von Max Beckmann gemalt, täglich von Hunderten von Frankfurtern und Touristen überschritten, führt der Eiserne Steg von Sachsenhausen ins Herz der Stadt, zum Römerberg. Er ist natürlich nicht aus Eisen, sondern aus vielen Tonnen Stahl hergestellt. Anfangs mussten seine Nutzer einen Kreuzer als Maut bezahlen. C3

Frankfurt to go – Stadtwanderführer
herausgegeben von

Kaiser Peters Wormuth GbR
Weimarer Straße 32 | 10625 Berlin
TEL +49 (0) 30 | 88 62 41 11
info@archi-maps.com
www.archi-maps.com

KONZEPTION & TEXTE
Anja Zeller

GESTALTUNG
Gottweiss · Visuelle Kommunikation

ABBILDUNGEN

Jörg Baumann S. 45 (Mousonturm)
Frank Behnsen S. 29 (Landauer-Gedenktafel)
Buchwald S. 35 (Buchwald)
Jacobia Dahm S. 39 (Wein)
Deutsche Nationalbibliothek S. 37 (Bibliothek)
Olaf Dziallas S. 35 (Holzhausenschlösschen),
Umschlagsabbildung
Europäische Zentralbank S. 43 (EZB)
Dirk Ingo Franke S. 35 (Heilig-Kreuz-Kirche)
Joachim Gabbert S. 19 (Ebbelwei-Express), 21 (Café),
26, 27 (Tulpen), 31 (Palmengarten), 45 (Kaffee)
Christiane Kreiner S. 47 (Schwedlersee)
Michael Leibfritz S. 42, 46
Wolfgang Meinhart S. 55 (Eiserner Steg)
Museum für Moderne Kunst/Frankfurt a. M. S. 14
Presse- und Informationsamt der Stadt Frankfurt,
Karola Neder S. 13 (Neue Börse), 30, 38, 45 (Ostpark),
51 (Städel); Tanja Schäfer S. 11 (Rathaus), 13 (Haupt-
wache), 15 (Kleinmarkthalle), 18, 22 (Hauptbahnhof),
27 (Messeturm)

Ulla Schmitz S. 53 (Bistro Naturkost)
Städel Museum/Frankfurt a. M., Norbert
Miguletz S. 2
Wikimedia Commons, Anna16 S. 29 (Palmengarten); emha S. 37 (Grüne Soße); Karsten11 S. 34
Anja Zeller S. 5, 8/9, 10, 11 (Goethe-Haus),
13 (Römerberg), 15 (Nebbiensches Gartenhaus),
16/17, 19 (Vergnügungsviertel), 21 (Freimaurerloge),
22 (Mensch), 23, 24/25, 27 (Bockenheimer Depot),
29 (Bockenheimer Warte, Hammering Man),
31 (Westendsynagoge), 32/33, 37 (Oeder Weg),
39 (Friedhof), 43 (Gedenkstätte 9. November),
45 (Kulturbunker), 48/49, 50, 51 (Pflastersteine,
Telefonschafe), 53 (Fraa Rauscher, Maincafé,
Kanonesteppel), 54, 55 (Portikus, Bembel)
Tobias Zeller S. 11 (Rosengarten), 21 (Westhafen),
37 (Bethmannpark), 40/41, 47 (Ruhrorter Werft)

© archimap publishers, Berlin 2012

1. Auflage 2012
ISBN 978-3-940874-43-6